モチベーションが上がる↗ワクワク仕事術

小林英二著

［改訂版］

C&R研究所

はじめに

偏差値39のダメ高校生だった男が、どうして売れっ子コンサルタントに⁉

私は今、地域の有力な中小企業をはじめ、税理士さん、公認会計士さん、経済産業省や県内の商工会議所など、九州エリア全域にクライアントがいます。私が講演、指導をさせていただいた企業は、少なく見積もっても１０００社以上はあると思います。

また、経済産業省推奨資格のＩＴコーディネーターという仕事も行っており、そこでは大手企業さんの管理職、専門職の方々にもＩＴや経営を教えています。

そんな私を見て、クライアントさんは、よく次のような質問をされます。

「先生は、コンサルタントという、すごい仕事をしていらっしゃるので、学生のときも優秀だったんでしょうね？」

正直、そう言われると、下を向いて苦笑いをしてしまいます。

告白すると、学生時代の成績は、正直、よくありませんでした。高校3年の初めごろは、恥ずかしながら、偏差値でいうと39くらい…。いつも赤点ギリギリでした。

高校時代、進路指導の先生に志望大学を告げたとき、「絶対に通らない！　お前がその大学に合格したら、逆立ちして校内を歩いてやる」とまで言われたくらいです。

こんな話をクライアントさんにすると、「学業そっちのけで遊んでいたんでしょう？ 暴走族なんかやっていたんじゃないですか？」とか、「何かスポーツに打ち込まれていたんですよね？」などと、さらに質問されることがあります。

そのたびに「グレたり、スポーツに夢中だったりして成績が悪かったわけではないんです。一生懸命、自分なりに頑張ったつもりなんですが、成績が上がらなかったんです。」と、我ながら情けない答えしか返せないのがつらいところです。

高校の授業が、朝7時半から午後4時半くらいまで。そして夜は、午後7時から午前0時近くまで自分の机で自習という、強制的な寮生活を送っていました。

女の子との楽しい思い出を作る時間や、スポーツやバンド活動に熱中する時間、町に出てワルをやる時間などはまったくありません。青春時代の貴重な時間を、勉強だけに注ぎ込み、それでも偏差値39！　思い出すだけでも最悪の高校時代です。

正直言って、「努力しても成果が上がらない」ものほど、格好悪いものはありません。相当に要領が悪かったのか、努力の方向性が間違っていたんでしょうね。そんな学生ですから、当然、リーダー的な存在でもありませんでしたし、人前で発表なんてしたこともなく、本当に目立たない学生でした。

そんな私も、高校3年のとき、劇作家つかこうへいさんの、「親が近所の人に『お子さんはどの大学に行っているの？』と聞かれたときに答えられないような、親不孝はしてはダメだ」という言葉を聞いて感銘を受け、それから1日16時間以上勉強して、ようやく滑り込みで大学に入ることができたのです。

しかし、勉強漬けの高校時代の反動からか、大学に入るなり勉強は、ほとんどしなくなり、アルバイト・クラブ活動・パチンコ、女の子の尻を追いかけてばかりの学生生活でした。

このように、「優等生」という言葉とは縁のない学生だった私ですが、今は、経営コンサルタントとして、私よりはるかに頭のいい優秀な方々に、企業経営や仕事の仕方などを教えています。しかも、税理士や公認会計士の先生、国や商工会議所様からも頼りにされ、「仕事ができるコンサルタント」という評価もいただいています。

皆さん「なぜ、急にそんなに仕事ができるようになったんですか？ 何か特別の仕事術を身に付けられたんですか？」という質問をよくされます。

以前は、その質問を受けるたび、「たまたまじゃないですかね？」と深く考えずに答えていましたが、ある方からの質問をキッカケに、理由を真剣に考えてみたのです。

何が、こんなに要領の悪い学生だった自分を、効率的に仕事ができる人間に変えたんだろう？　いつからこんなになったんだろう？　そのコツを伝えることができれば、クライアントさんにとって、すごく役に立つノウハウになるかもしれない……！

仕事を楽しむためには技術が必要？

転機は就職でした。大学を卒業しコンサルティング会社に入社したのですが、そこで、さまざまな仕事の企業経営に関するノウハウを学ばせていただきました。そして、独立。この独立も大きな転機でした。

前述したように、私は「優秀ではないタイプ」の人間ですから、人一倍、壁にぶち当たってきました。しかし、そのたびに、いろいろな「仕事のコツ」「考え方のコツ」をマスターする機会を得ることができ、なんとかここまで仕事力を高めることができたのです。

そして、私は、ふと気付いたのです。「これはまさに、『仕事のコツ』『考え方のコツ』をマスターすれば、誰でも優秀になれるという証ではないだろうか？　自分でも知らない間に、何かすごいコツを身に付けたんじゃないんだろうか？」と。

もとから優秀だった人間がこうなったのとはわけが違います。偏差値39だった自分が、こんな仕事ができているということは、まさしく「ホンモノの仕事術」のはずです。

そう思った瞬間、「今まで覚えてきた『仕事のコツ』『考え方のコツ』を、世の中の多くの人に教えたい！」という情熱と使命感がわいてきたのです。

そこで、「誰でもできる形」にするために、次のように体系立ててみました。

- コンサルタントになって教え込まれた「仕事のコツ」「考え方のコツ」「能力アップのコツ」
- 壁にぶち当たってマスターした「仕事のコツ」「考え方のコツ」

ここでいう「コツ」とは、「仕事を楽しくするコツ」です。

私は学生のころ、勉強が楽しくありませんでした。努力もイヤイヤやっていましたし、集中できずに時間だけが過ぎていくという状況も多かったのではないかと思います。

それが、「仕事を楽しくするコツ」を1つ知った途端、まったく違った人生になってしまいました。

もちろん、「初めから楽しく思える仕事ばかりを選んでやる」ということとは意味が違います。やりたくないと思う仕事、退屈だと感じる仕事、苦しくて辞めたいと思う仕事でも、避けることができないものはたくさんあります。避けることができないのならば、これを徹底して楽しむ工夫をしよう！　ということです。

この「仕事を楽しくするコツ」は、1日12時間以上勉強しても偏差値39だった私ができたくらい簡単です。皆さんでしたら、はるかに高い仕事能力がついていくでしょう。本書をお読みになれば、楽しく、ワンランク上の仕事ができるようになると確信しています。

本書は、私が仕事を楽しむキッカケになった仕事や考え方のコツ、効果の高い仕事や考え方のテクニックをまとめたものですが、これを絶対にやってくださいというものではありません。絶対にやってくださいなんていうと、楽しくなくなりますから。

「これはぜひ、やろう」と思ったものを、日々の仕事に取り入れていただければＯＫです。それだけでも、今までより、充分に楽しい仕事になると思いますから。

あなた流の仕事を楽しむ方法があるでしょうから、それと合わせて使ってください。

本書の初版は2008年。あれから私も数多くの人と出会い、仕事の壁にぶち当たることで、「新たな仕事を楽しくする技術」を学び、身に付けることができました。当時よりも、仕事を楽しめる人間になったと思います。今回、その経験を踏まえて初版の内容を大幅に修正、追加いたしました。

本書から1つでも多くの「仕事を楽しくする技術」を学び、身に付けることで、仕事をもっともっと楽しめるようになっていただくことを願っております。

2015年1月

小林　英二

CONTENTS

目次

第3章 仕事を楽しむにはどうすればいいのか?

第4章 楽しさを奪う4大リスクと身に付けておくべき思考様式

第5章 「ワクワク発見力」を身に付けよう！

第6章 「ゲーム化力」を身に付けよう！

第7章 テキパキと仕事をこなすための頭の整理術！

第8章 感情のコントロール術を身に付けよう！

第9章 高速学習術をマスターしよう！

第10章

上司との良い関係を構築する方法

第1章

「楽しさ創造力」こそ最強のビジネススキル!

UP MOTIVATION

あなたは仕事を楽しんでいますか?

仕事って、我慢と根性で乗り切るもの?

「思い込んだら、試練の道を〜」といえば、40代以上の人であれば昔懐かしい「巨人の星」のアニメ主題歌の出だしですね。この漫画(アニメ)の世界観は、後々の世代の人たちにも多くの影響を与えました。

「仕事には試練がつきものだ。試練があれば我慢しろ。根性を発揮するんだ。頑張って乗り切っていくんだ。そうすれば巨人の星(夢)はつかめるんだ!」と。

そして、「働くこと=ストイックなこと」という価値観が刷り込まれていきました。

しかし、この価値観は正しいのでしょうか。

確かに、仕事は厳しいものです。

上司や部下、同僚から裏切られるかもしれませんし、お客様や上司があなたの仕事ぶりを認めてくれないこともあるでしょう。

さらに、台風・地震・大雨などの天災や、愛する人の突然の死。そんなときでさえ、仕事をしなければならないことがあります。

仕事はつらい、厳しいものだから、我慢と根性で乗り切るしかないのでしょうか？

成功者は仕事を楽しんでいる!?

あなたは、「できる人」というと、誰を思い浮かべますか？　あなたの身近な成功者を３人挙げ、彼らが仕事をしているときの表情を思い浮かべてみてください。真剣さの中に、イキイキとした表情が見えませんか？　真剣さの中に楽しさを感じませんか？

そんな彼らでも、最初から楽しいと感じる仕事に就けた人は、ごくわずか。数え切れな

仕事ができる人は、仕事を楽しんでいる人

仕事を苦役だと思っている人　　仕事を楽しんでいる人

い努力の結果、今の彼らがあります。

彼らが努力を継続できたわけは何か？　それは仕事を楽しめたから！　豊かな人（成功者）たちと、普通の人たちの違いは、そこにあります。

成功の秘訣はシンプルです。「どんなことにでも（たとえ、つらいことにでも）『快』の感情を創造できる！＝どんなことでも楽しめる！」ということです。

「所得の違い」を生み出す要因は、「楽しさ創造力」なのです。真剣さの中にも仕事を楽しめたから、成功できたのです。真の成功者は、「豊かさとワクワクした楽しさ」が両立した人生になっているのです。

さて、ここで、あなたに質問です。

仕事以外であなたが最もワクワクするのは、何をしているときですか？　それを3つ挙げてください。

〈例〉

- お酒を飲みながら友達とワイワイ雑談をしているとき
- 家族旅行で楽しい時間を満喫しているとき

●趣味のテニスを行っているとき

挙げた３つの中で、最も楽しい活動はどれですか？

それを「楽しさ指数」１００点とした場合、仕事をしているときの楽しさ指数は何点でしょうか？

もし仕事をしているときの楽しさ指数が90点以上の方でしたら、本書を読まれなくてもＯＫでしょう。今でも充分に仕事を楽しめているのですから。

もっとも、そんな方ほど貪欲に、今以上に楽しみたいと考えて、この本を読まれるのかもしれませんね。


あなたは仕事が楽しいですか？

仕事をしているとき、どれくらいワクワクしながら仕事をしていますか？

実は、このワクワク度が、あなたのプロフェッショナル度のバロメーターなのです。

UP MOTIVATION

成功者は「楽しさ創造力」を発揮している

好きな仕事に就いたからといって「仕事が楽しい」とは限らない

世の中には成功哲学に関する書物は山ほどあります。しかし、成功者の持つ「仕事を楽しくする能力」について触れている書物は、ほとんどありません。「楽しさ創造力」は、成功者に共通の最強のビジネススキルにもかかわらず。しかも、普通の人でも簡単に真似できるスキルなのに…。

「仕事は楽しもう！」などと言われても、「なりたくてなったわけでもないのに、こんな仕事を楽しめなんてムリな話だ」「お茶くみやコピー取りばかりの私の仕事を、楽しめるんだろうか？」と考える方もいらっしゃるでしょう。

好きなことを仕事にできなかった人は、仕事を楽しむことはできないのでしょうか？

「プロ野球選手」という仕事は、多くの男の子が将来やりたいと願う憧れの職業です。

しかし、その夢をつかんだ選手たちがみんな、仕事（野球）を楽しんでいるのかといえば、そうでもないようです。多くの選手たちが、いつの間にか子供のころの野球の楽しさを忘れ、我慢しながら練習を頑張っています。夢にまで見た仕事に就くことができても、楽しくないと感じてしまう人たちも大勢いるのです。

一方、ビルメンテナンス会社の社長のAさん。彼女は、ビルのトイレの清掃作業員からスタートしました。

労働環境が決してよくないのは皆さんも想像できると思います。当然、清掃作業員という仕事を好きで選んだわけではありません。就職時に、その仕事しかなかったのです。好きでもなかった仕事、決してキレイとはいえない労働環境のもとで働いたAさん。

しかし、彼女は、とても楽しく、イキイキ仕事をしていきました。トイレ掃除の中に楽しさを見つけていったのです。ピカピカになっていく便器。便利な掃除道具の開発。効率的な掃除方法の工夫。使っている人たちからの感謝の声。仲間との交流。

彼女はどんなときも、「今の仕事を楽しくする」「つらい仕事でさえも、楽しく変えていく」という「楽しさ創造力」を使って、お客様や周りから喜ばれる仕事をすることで、今では、社長にまでなったのです。

真剣に「仕事を楽しくする」ための工夫をする

プロ野球選手と、清掃作業員だったAさん。一般的な価値観で考えれば、プロ野球選手の仕事の方が楽しいように思えます。しかし、実際にはAさんの方が、一般的なプロ野球選手よりはるかに楽しみながら仕事をしているのです。

違いは何でしょう？

それが「楽しさ創造力」なのです。

「楽しさ創造力」が高い人は、つらい仕事を楽しい仕事に変えることができます。逆に、それが低い人は、楽しいはずの仕事でさえ、つらい仕事に変えてしまうのです。「楽しさ創造力」のレベルの違いが、「利益や所得という結果の違い」を生み出すのです。

成功者は、楽しい出来事が起こることを受け身で待ってはいません。幸運に頼るようなことはしていません。出来事の奴隷ではないのです。真剣に、頭に猛烈に汗をかきながら、「『楽しいこと』ばかりにしよう」と努力をしているのです。幸運を招き入れているのです。ポイントは「真剣に」ということです。

もちろん、「仕事を楽しめなんて、キレイごとを言うな！」とおっしゃる人の気持ちもよくわかります。私も、8年ほど前までそんなタイプの人間でしたから。

私の本業は経営コンサルタントです。クライアントの皆さんに頑張ってもらうため、経営計画の作成やバランススコアカード、ＩＴを利用したデータによる管理を企業に導入してきました。まさに「頑張らせること」の専門家、自分も「頑張ることの権化」でした。

だから、わかるのです。

もう、「頑張るだけでは勝ち組になれない時代になった」ということが。

私はリアリストです。だから「『仕事を楽しめ』と言われても楽しめるわけないだろう！」という声も理解できます。実際、大変な仕事・イヤな仕事・イヤな上司・苦痛な仕事・逆境など、皆さんの周りに、仕事をつらいと感じさせることが多々あることも知っています。

だからこそ、つらい仕事でさえも楽しい仕事に変えていく力＝「楽しさ創造力」をレベルアップしてほしいのです。

「楽しさ創造力」とは、ビジネススキル、技術の１つです。もちろん生まれたときからこの才能に恵まれた人もいますが、学習することでもレベルアップは可能です。この本では、そのノウハウをご紹介させていただきます。

世界中で進行している二極化の波

クリエイティブクラスが持つ2C力

今、世界中で二極化が進んでいます。

勝ち組と負け組。

高所得者層と低所得者層。

クリエイティブクラスとワーキングプア層（ワーキングプアとは、フルタイムで働いても生活が豊かにならない就労者層のことです）。

クリエイティブクラスの代表例がダルビッシュ有や田中将大です。

２０１４年、田中将大投手は７年間の野球人生に１６１億円という信じられない価格が付きました。マスコミは大騒ぎでしたが、このことは、我々にこれから起こることの序章にすぎないのです。

今後さらに、彼らのようなクリエイティブクラス（他のどこにもないような能力を保有している、誰にもできない職人芸を保有している人材）は、国際的獲得競争が起こり、価格は天井知らずになっていきます。

田中投手の１６１億円は、狭い市場を相手にしている日本球界だと考えられない価格です。しかし、世界マーケットを相手にしている大リーグだと、この価格でも充分に儲かる話になるのです。

一方、野球の世界でも普通の選手たちは大変です。

従来であれば、「社会人野球」という、一流企業の従業員としての給料をもらいながら野球ができる世界がありました。しかし、社会人チームはドンドン減っていっています。企業が社会人野球に投資をしていこうとすると、採算が合わないのです（大リーグ中継が毎日ＴＶ観戦できる時代、社会人野球の宣伝効果はドンドン小さくなっています）。

それでは、「以前に、社会人チームで野球をしていたような人材」は今、どうなっているのでしょうか？

「四国アイランドリーグ」や「ベースボール・チャレンジ・リーグ」といった独立リーグで野球をするしかありません。彼らの給料は一般のサラリーマンか、それよりも低い給料がほとんど。アルバイトをしながら野球を続けている人も多いようです。

つまり、急激に労働条件が悪化しているのです。

「クリエイティブクラスはドンドン給料が上がる」「中流・普通の人は給料が上がらない、もしくは給料が下がる」。そんな時代に入ってきたのです。

これは、日本だけではありません。

アメリカ、中国、ヨーロッパ、ロシア、世界中のあらゆる業界で、同じことが同時進行で進んでいるのです。

クリエイティブクラスは、少子高齢化、国際化にともない、人材不足がより顕著になってきています。

今の時代、安いだけのものを作っても企業は儲かりません。ボールペンを作っている会社なら、競合他社と違う、お客様を驚かせるデザインや機能のボールペンを作らなければ儲からないのです。１００円ショップで売られているようなボールペンしか作ることができない企業では儲からないのです。

そんな時代、競合他社との違いを作り出せる人材が何人いるかが、企業においての最大の強みになります。

- 面白い商品の開発や設計ができる開発者がどれだけいるのか？
- お客様に高い満足度を与えるサービスマンがどれだけいるのか？
- 大口顧客を開拓できる営業マンがどれだけいるのか？
- ミクロン単位の板金技術を保有している職人がどれだけいるのか？
- 高品質の製品を効率よく製造していくための改善を、日々行える人材がどれだけいるのか？
- クールなデザインができるデザイナーがどれだけいるか？
- 三つ星レベルの美味しいレシピを開発できる料理人がどれだけいるか？

このような「違いを生み出す人材」がクリエイティブクラスとなります。彼らの給料は、今後ますます上限知らずになっていくでしょう。

では、クリエイティブクラスは何を評価されて、それだけの高い給料をもらっているのでしょうか？　大雑把にいうと、「クリエイティビティ（Creativity）とコミュニケーション力（Communication）」の高さです（略して「２Ｃ力」と呼びます）。

たとえ一流大学を卒業したとしても、左脳だけ優秀な人材では高い給料をもらえない時代になってきたのです。

代表的な例として、私の知り合いのお二人をご紹介します。

Bさんは、イタリアや北欧から独自のデザイン家具を一人で輸入して販売している社長さんです。彼のデザインを見る目は超一流。彼の目利きを愛しているセレブがお客様です。価格は最低でも30万円以上ですが、日本中から注文が殺到しています。

彼は「デザインの目利き」というクリエイティビティだけで年収3千万円を実現しています。

もう一人は、私の恩師の一人であるCさん。彼は経営コンサルティングの営業を行われている方です。彼は自分でコンサルティングをしようと思えばできます。しかし、彼はわかっているのです。自分の一番の力はコミュニケーション力だと。

彼と話していると、その意外なアイデア創造力、格好つけない本音の姿と楽しい会話に、多くの人が惹かれていきます。難しい経営の話も、楽しく面白く聞くことができるのです。上場している大手コンサルティング企業の社長さんが、「Cさん。決算まで2日しかないけど、目標まで１億足りないんで、なんとかしてくれない？」と頼みに来るほどです。

この2Ｃ力は、コンピューターにはできない、人間にしかない能力です。今も、そして、これからも。だから、価値が上がり続けるのです。

それでは、家具屋さんのＢさん、経営コンサルタントの営業をされているＣさんを含め、２Ｃ力の高い人材に共通するビジネススキルとは何でしょう。

それが、「楽しさ創造力」なのです。

仕事をいつも楽しめているから、現場でのさまざまなヒントを見逃しません。あるいは、日常の暮らしの中でも仕事に関するヒントに気付くことができる。次々にアイデアが浮かんでくる。だから、新たなものがクリエイトできるのです。

仕事をいつも楽しめているから、相手の話を楽しく聞くことができ、相手に喜んでもらえる話ができるのです。互いに共感し合えるコミュニケーションができるのです。

２Ｃ力を持っている人の重要性は今後ますます高まり、今まで以上に豊かになっていくことができるでしょう。その前提は、「楽しさ創造力」。

これからの時代は、お金持ちが一番偉い資本主義ではなく、「楽しさ創造力」に裏打ちされた、2C力を持った人材が主導権を持った、人本主義の時代なのです。

「普通」の人の所得は増えない先進国の社会

一方、普通の人たちの環境はどうでしょう。

所得の格差を生み出すキーワードは「反復作業の仕事」です。

2015年現在、アベノミクスもそれなりに刺激になり、また団塊の世代の退職ラッシュを迎え、人手不足の時代に突入しています。しかし、普通の人たちの賃金は上がりません。約20年前の人手不足の時代とかなり趣が異なり、人手不足なのにあまり普通の人の賃金が上がらない状況です。なぜでしょうか?

原因は2つあります。1つがアジア諸国の労働者との競争であり、もう1つがITとの競争です。

アジアの国々では、労働者の給料は、日本の10分の1の国も少なくありません。訓練をすれば誰でもできるような反復業務であれば、それらの国の企業にコスト面で絶対に負けてしまいます。アジアの労働者との賃金価格競争が、普通の人たちの賃金を引き下げていくのです。

「チャイニーズコスト」という言葉をご存じですか?

Eさんの会社は、メッキ業で、大企業の下請けをやっていました。大企業からの指示に従い、毎日同じ仕事を繰り返しています。その大企業の担当者が、Eさんにいつも、こう言うそうです。

「中国で作ったら、これは○○円で作れるよ。御社はいくらでやりますか?」

すなわち、チャイニーズコストで日本でも作ってくれ。そうしないと仕事はやれない、という話です。中国は人件費が上がってきたので、これからはミャンマーコスト、ベトナムコストと、さらに人件費の安い国の名前に変わっていくのでしょう。

これは、製造現場やブルーカラーの仕事だけに限ったことではありません。皆さんの会社の反復作業(同じ作業を繰り返し行う仕事)は、すべて、後進国のコストと比較され、ディスカウントされていくのです。

また、ＩＴとの競争が、ホワイトカラー職種の普通の人たちをワーキングプア層に引き下げていきます。ホワイトカラーの仕事とはいえ、その多くは、反復性のある仕事（たとえば経理の仕訳伝票作成・仕訳入力・プログラム作成・集計・データベースへのデータ入力・行政資料の作成など）です。

これら事務系の反復作業は、コンピューターが最も得意とする業務です。２０４５年にはコンピューターが、人間の知性を越えるところまで性能がアップするといわれています。人の代わりにコンピューターやロボットができる仕事がますます増え、ドンドン仕事を奪っていくことになるでしょう。

会計事務所に勤めている25歳のFさんは、とてもかわいらしい女性です。しかし彼女は、1年前に失業してしまいました。彼女の仕事は、クライアント企業の帳簿記入を代行して入力していくという、単純な事務仕事でした。その仕事が急になくなったのです。

理由は、ＩＴの普及により、クライアントがその仕事を中国で行うようになったからです。クライアントが領収書や通帳をスキャン（画像として取り込む）してインターネット経由で中国に送ると、中国でその画像を見ながらデータの入力作業を行い、入力したデータをまたインターネットで日本に送り返すという仕組みができたのです。アジアとＩＴが、彼女の職を奪っていったというわけです。

これから我々が豊かになっていこうとすれば、商品開発・人間関係作り・親身な相談・生産現場の問題発見と改善・発明・デザインなど、右脳を使った反復性のない仕事（ＩＴ、外国人ができない仕事）にシフトしていく必要があるのです。

今後は、ますます、

- 途上国でできること ⬇ アジア諸国、アフリカの工場へ発注
- コンピューターやロボットにできること ⬇ IT化、ロボット化
- 反復性のあること ⬇ アジア諸国、アフリカへ発注、ロボット化

という方向で世の中は進んでいく。これは逆らえない国際的な流れです。

今、先進国で平均所得水準を引き上げているのは一部の金持ちだけで、10人に9人は冷や飯を食っているのが現状です。

アジアの労働者ならもっと安くできる、コンピューターならもっと安くできる、とい

うわけで、反復作業をしている普通の人々の給料は上がっていないのです。

この状況は日本にも起こるでしょう。世界経済はつながってしまったのです。

「ほとんどの人が貧乏になるなんて！　こんな世の中はおかしい！」

私もそう思いますが、悲しいかなこれが現実です。私たちでは変えることができません。総理大臣がいかに格差是正を行うと声高に叫んでも、国際化とＩＴ化の波は総理大臣の力を持ってしても止めようがないのです。この現実は、もっとひどくなることはあったとしても、よくなることは期待できないでしょう。


私たちは「労働時間だけが売り物」の存在になったら、絶対に豊かになりません。クリエイティビティの高い人材になり、０・０１秒の「ひらめき」で大きな付加価値を生み出す人材になっていく必要があるのです。

これからはどんな仕事（営業・製造・商品企画・サービス・事務・経理・人事など）にも、ワーキングプア層の仕事とクリエイティブクラスの仕事が生まれていく時代です。私たちがワーキングプア層にならないためには、ＩＴでは代替できない仕事、低賃金のアジアの労働者にはできない仕事ができる人材になる必要があります。

反復作業は彼らが最も得意な仕事であり、これを黙々と真面目に行うだけでは、絶対に豊かにならないのです。

豊かになるには、あなたの仕事にどれだけ「２Ｃ力」（クリエイティビティとコミュニケーション力）を発揮していけるかがポイントなのです。

では、どうしたら「２Ｃ力」の高い人になれるのでしょう。

その鍵が、「楽しさ創造力」なのです。

「楽しさ創造力」こそ、職人ワザレベルのコミュニケーションができる人材とアイデア・創造性が高い人材の共通スキルなのです。

- ぜひ手に入れたいと思わせる商品デザイン
- 遊びゴコロが入った商品
- 食べたことがないほど美味しい食感
- ユーモアある対応
- お客様に感動を与える、まるで家族のような心遣い

これらのアイデアやサービスは、仕事を楽しんでいる人の中から生まれてきます。逆

に、仕事がお金のための苦役だと思ってイヤイヤやっている人からは、このような仕事は生まれてこないのです。

これからの時代は、「中流」や「普通」はなくなっていきます。

皆さんはどちらになりますか？

ワーキングプア層？　それとも、クリエイティブクラス？

UP MOTIVATION

ただ「頑張る」だけでは豊かになれない時代

「頑張る」余力には限界がある

ここまでをお読みになって、どんな感想を持たれましたか?

「よし、クリエイティブクラスになるために頑張るぞ!」と感じられた方も多いと思います。

逆に、「ワーキングプア層にならないために、もっと頑張って仕事をしないと!」と感じた方も多いでしょう。

「今、精一杯頑張っている。もう頑張れないよ」と感じた方もいるかもしれませんね。

いずれにしても、キーワードは「頑張る」。

今の世の中は、頑張らなければならないことだらけですね。子供の教育、資産運用、家族の安全、ダイエット。仕事以外にも、たくさんの「頑張る」必要があることであふれているのです。

そこで、ここでは「頑張る」ということを考えていきます。

まず、あなたに質問です。
あなたは今、仕事を頑張っていますか？
今以上に頑張れますか？
頑張れるとしたら、今を100％とすれば、何％くらいまで頑張れますか？

さて、どうでしょう。
120％はできそうだ、150％までなら頑張れる、と言われる方はいると思います。
しかし、300％とか500％頑張れる余力がある人は少ないのではないでしょうか？

この事実は、「『頑張る』ことだけで豊かになるには、限界が見えている」ことを示しています。これからどれだけ頑張れるとしても、あなたが先ほど答えたくらいしか頑張れないということです。「頑張りの余力」は、ほとんど残っていないのです。
つまり、「『頑張る』だけでは、もう豊かになれない」「『頑張る』競争は、豊かになるための条件ではなくなった」ということです。

よく、「営業ノルマ」に追い立てられ、悲壮感あふれる営業マンが頑張っている姿を目にします。断られても、断られても、目標達成のために、繰り返し同じお客様のところに訪問する営業マン。

残念ながら、そのような真面目な人であればあるほど売れません。「頑張って」取引先に押し込むようなやり方を続けていても、革新が生まれないからです。「頑張り」だけでは売れないのです。

「頑張る」ことで豊かになることが限界にきた時代。これからは、「頑張る」に代わる新たな仕事のパラダイムが求められているのです。それが、「仕事を楽しむ」というパラダイムなのです。

「頑張る」ことは「痛みを我慢する」ことに他ならない

我々は、「頑張ろう!」とか「頑張ってね!」という言葉を、日常的に、あまり意識せずに使っています。では、どんなときに「頑張る」という言葉を使っているのでしょうか?

たとえば、あなたの奥さんは、あなたが友達との飲み会に出かけるときに、「頑張ってね」とは言わないと思います。逆に、あなたが残業で徹夜をするときには、「頑張ってね」と言ってくれるでしょう。

この「頑張ってね」の使い方でわかるように、「頑張る」という言葉は、「痛みが事前に予測されるとき、それを我慢して、無理をしてでも乗り越えていくぞ!」というときに使われます。「仕事を頑張ろう」と思うのは、「その仕事には痛みがともなう」という前提で使われているわけです。

もちろん、もうこれ以上考えることができないところまで考え尽くした上で、「『頑張ろう』という言葉を使う」のを、否定するつもりはありません。実際、「頑張る」という言葉には、身体全体に力が入り、前向きな姿勢になる、気合いが入るという、言霊(ことだま)があると思います。

しかし、私たちは気軽に「頑張る」という言葉を口にします。

「頑張る」という言葉を使った瞬間から、我々は根性論に突入し、それ以上新たな解決策を考えなくなるのです。思考停止に入るキッカケが「頑張る」という言葉になるのです。

私の友人に、Gさんという公務員の方がいました。

彼の業務は、トラブルになっている住民との交渉。責任感のある彼は、一生懸命、住民とのトラブルの交渉を頑張っていました。

そして、ある日のこと。日に日に彼から笑顔がなくなっていくことが気になっていた私に、彼のご両親から電話がかかってきました。

Ｇさんが、自ら命を絶ったという連絡でした。

責任感のある彼は頑張りすぎて、自らを死に追い込むほどにまでなってしまったのです。

頑張ろうと思った瞬間から、「後戻りはできない」とか、方法などは考えずに「根性が尽き果てるまで前に進んでいこう」という話になっていくのです。脳に汗をかき知恵を絞ることをやめてしまうのです。日本人特有の、神風特攻隊や、巨人の星の世界に突入していくのです。

私のコンサルティングの現場でも、目標達成の方法を尋ねると、低い生産性の人ほど、よく「頑張る」という言葉で逃げることが多いのです。頑張らなくていいので、どうやればそれを楽しんで実行できるかを考えてほしいのですが…。

UP MOTIVATION

プロにこそ求められる「楽しさ創造力」

プロフェッショナルは仕事を楽しんでいる

先日、居酒屋に後輩と飲みに行きました。

彼は、弁護士ではありましたが、まだ事務所を開くことができず、それほど豊かとはいえない経済状況でした。そこで、知り合いのクリエイティブクラスの弁護士さんに、後輩に仕事を回してほしいとお願いするためにセッティングした飲み会でした。

会も終わりに近づいたとき、後輩の彼が言いました。

「今日は本当に楽しかったです。飲み会だけは楽しくやろうということが私のポリシーですので、本当に今日はよかった！」

その言葉を聞いたとき、同席の弁護士の先生と私は、同じように声を上げました。

「飲み会だけ楽しいってどういうこと？　仕事は楽しくないってこと？　我慢して、仕事をしているってこと？」

彼は、言葉に窮してしまいました。

「好きな仕事を貫く」とか「仕事を楽しむ」とかいうと、なんだか甘っちょろい話のように聞こえるかもしれません。従来の「プロフェッショナル」と逆のイメージがある方もいると思います。

「プロフェッショナル」で代表的なのが、職人の世界。師匠の身の回りの世話など、下積みの退屈な仕事を何年も積み重ね、耐え忍んで初めて、職人としての技術が身に付いていく。「苦しいことを耐え抜いてこそ、プロフェッショナル」という価値観があるのではないでしょうか?

しかし、今のプロフェッショナルを取り巻く環境は、そんなにノンビリしたものではないのです。イヤなことをじっと我慢しながら、勤務時間を浪費していく余裕はありません。猛烈なスピードで世の中は動くようになったのです。

未来を予測するのは難しいのですが、これからのトレンドは、「企業間競争の激化」と「国際競争の激化」でしょう。これだけは間違いないです。

皆さんの会社のライバルがドンドン増え、その競合企業がドンドン強くなるのです。アメリカやヨーロッパの企業だけでなく、インド・ロシア・中国などのＢＲＩＣＳ企業、世界中の企業がライバルになり、各社が勝ち抜くために、もっと競争が激しくなる「大競争時代」に突入していく。

そんな大競争時代、ライバルと差異化をもたらすのは、各社のプロフェッショナルが夢中で没頭することで生み出した「仕事の質」です。

現代のプロフェッショナルは、世界的な競争の中でライバルと戦っています。インターネットの普及や国際化がそれを加速させています。以前には体験したことがないほどの大競争時代に突入しているのです。

時代は、競争に勝つために、プロフェッショナルに、かつてないほどのハードワークと仕事への没頭を要求していくのです。

そうなれば、悲しいかな、過労死するような人がもっと増える時代になるのでしょう。仕事が好きな人、仕事が楽しい人でなければ、この厳しい時代を乗り越えていけないと思うのです。

仕事が好き、あるいは楽しいから、仕事に没頭することができます。長い人生の中、長期にわたって仕事に身を投じることができるのです。勤勉に働くことができるのです。

そうでなければ、心も身体も耐えることなどできないのです。

「楽しさ創造力」は時代を生き抜くサバイバルナイフ

何時間働けば過労死するのか?

これは、たぶん「どれだけ好きな仕事に携われているか?」「楽しめる仕事をしているか?」で違ってくるのではないでしょうか?


私は、サラリーマンのころも今と同じ仕事でしたが、嫌いな上司のもとで、プライドが感じられない仕事をしていたので、働く時間がイヤでイヤでたまりませんでした。たぶん、会社を辞めずにあのままの状況で仕事を続けていたら、本当に過労死していたと思います。


それでは、今現在、仕事はラクになったのかといえば、その当時より労働時間は2割ほど増えていると思います。しがない自営業者ですので、働かなくてはなりません。

しかし、以前のような疲れはなく、充実した日々が過ごせています。身体の不調もなく、心も健全です。

この経験から感じることは、同じ1時間でも、「楽しく働けている、好きな仕事をしている」と感じるか、「イヤな仕事をやらされている」と感じるかで、労働の負担がまったく異なってしまうということです。

極端な話、月200時間労働でも、過労死を生むようなストレスを発生させる仕事もあるし、月500時間労働でも、イキイキと充実した日々を過ごせる仕事もある。これが現実ではないでしょうか?

将来的には日本でも、ホワイトカラーエグゼンプション(ホワイトカラー労働時間規制適用免除制度)が導入され、その対象範囲は広がっていくことでしょう。プロフェッショナルの労働時間は、ドンドン増えていく状況が予測されます。以前、植木等さんの「無責任シリーズ」や「日本一の男シリーズ」が全盛期だったころ、「モーレツ社員」という言葉が流行っていました。高度成長期の日本です。あの時代よりももっと競争が激化し、大競争時代に突入すれば、「猛烈に働かなければ生き残ることができない」時代になってきます。

だからこそ、自分の身を守るためにも「楽しい仕事をしていかなければならない」と思うのです。大競争時代に勝ち残るためには、生産性を向上させる必要があります。その鍵は、夢中で没頭することで生み出された、クリエイティビティあふれる仕事です。

会社や社会から評価されるようなプロフェッショナルとは、どのような人なのでしょうか?

今、世界中のプロフェッショナルが、猛烈に働き、学習をしています。その中で勝ち抜いていくためには、彼らに負けないように、今以上に仕事に没頭し、さらに猛烈に働き、今以上に学ぶことが必要になります。それができるのは、「自分の仕事を楽しめた人」だけなのです。イヤイヤ仕事をしている、義務的に仕事をしている人ではパンクしてしまうのです。

自分が「これ!」と決めた楽しめる仕事に対して、長期にわたり惜しみなく自分の時間を使い、没頭できた勤勉なハードワーカーだけが一流になれる。そんな厳しい時代に私たちは生きているのです。

ライバルとの差を生み出す要素は、ハードワークと仕事への没頭度合い、勤勉度合いであり、これらは「仕事を楽しいと思う」エネルギーによって、初めて生み出されるのです。

以前であれば、

「仕事は苦しいものだ。苦痛を感じる仕事を我慢しなくていいほど、世の中甘くない」

と、年輩の方から言われたものです。

しかし、時代は変わりました。


「イヤな仕事を我慢しながら続けて生き残れるほど、世の中甘くない」

「仕事を楽しめない者が乗り越えられるほど、世の中甘くない」


そんな新しいパラダイムシフトが求められているのです。私たちを取り巻く環境は変わったのです。


「仕事を楽しむ」というと、「お気楽で、好きなことをやって、簡単に、すぐに成功しよう」というように聞こえるかもしれませんが、それとは真逆の話です。

これからは、今までよりはるかに厳しい、本物だけしか残らない時代。プロフェッショナルとして、できる人として、サバイブしていくための技術が「楽しさ創造力」なのです。

「楽しさ創造力」は、これからの時代のサバイバルナイフだと考えてください。

第2章

「真剣に楽しむ」ことが成功の鍵

UP MOTIVATION

仕事を「楽しくする」には工夫が必要

修行僧の顔から脱却しよう

第1章でも述べましたが、これからの時代サバイブしていくには、「仕事を頑張る」という考え方から、「仕事を楽しむ」という考え方への発想の転換が必要となります。

成功している人、クリエイティブクラスの人材の多くは、「日々頑張りすぎて、疲れているよ」などと言いません。本当に楽しそうな顔で、エネルギッシュにハードワークをこなしています。皆さんの周りにいる、「長期間、成功者として評価されている人」を思い出してみてください。いかがですか？　修行僧のような顔で働いている方々は、ほとんどいないと思います。成功者は、楽しそうに働いていて、とても大きなエネルギーを感じる人ばかりではないでしょうか？

そして、彼らは私たちよりたくさんの所得を得ているのです。

人生は、ある意味、不公平です。つらいことを我慢しながら、毎日、修行僧のような顔をして働く人よりも、毎日楽しんでいるプロフェッショナルの方が、所得や社会的評価がはるかに高いのです。

しかし、こうもいえるのです。

「楽しんでいるから給料が高い」とも。

彼らは受け身で楽しんでいるのではありません。楽しいことばかりが起こっているのではないのです。彼らの周りに起こる出来事も、私たちと同じように、退屈なこと、思うようにならないこと、つらいことばかりです。それらを、真剣に楽しもうと努力しているのです。脳に必死に汗をかきながら、楽しむ工夫を行っているのです。

「仕事を楽しくする」とは、楽しい仕事が来るのを待っていることではありません。また、選り好みをして、楽しい仕事しかやらないということでもありません。つらい仕事を我慢して、「頑張る」ことでもありません。

「仕事を楽しくする」とは、つらいと思える仕事でも工夫して、楽しくしていく究極の積極的仕事術なのです。

「仕事を楽しくする」のは積極的な考え方

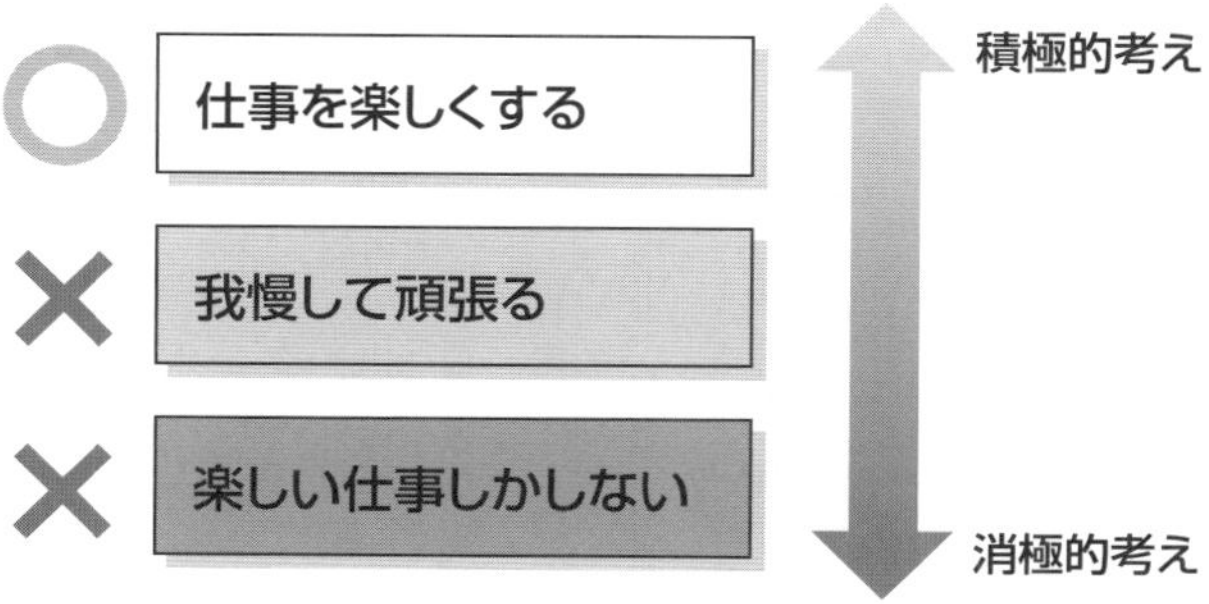

「心」の悲鳴は「仕事のやり方を工夫をしろ」という合図

人間には、喜怒哀楽いろいろな感情があります。「仕事を楽しむ」ためには、怒りの感情や、憂鬱な感情、苦しい感情、悲しい感情とも真正面から向き合うことが大切です。今の自分は、どんな感情なのかを確認することがスタートです。

マイナスな感情が生まれたということは、「仕事の工夫をしろ！」という「心」からのシグナル。正直に自分の気持ちと向き合い、そのマイナス感情を感じる仕事をどのように工夫すれば楽しくなるかを考えるのです。

仕事の仕方を工夫せずに、「頑張る」ことだけで乗り越えようとしても、成果は期待できません。イヤイヤ仕事をしたところで、あなたのクリエイティビティは充分に発揮されないからです。憂鬱な気持ちで行った仕事で結果を出せるほど、今の時代は甘くはないのです。

Hさんは教育事業を行われている女性です。Hさんは、研修の受講者集客の営業が苦手で憂鬱なため、5名の集客がやっとのときもありました。そこでHさんは、「この営業業務を楽しむぞ！　楽しく感じる営業方法に変えるぞ！」と決意されました。

まず、Hさんは、過去に集客業務が楽しくできたことがないかを、思い出すところから始めました。するとあったのです！ この事業を行う以前に、200名以上の集客を開催1カ月前までに行い、その業務を熱中して楽しく行っていた体験が。

そのやり方は、今のように自ら営業・集客するという仕事の仕方ではありませんでした。自分で営業するのではなく、周囲で営業を協力してくれる人（ボランティア）を集め、彼らのモチベーションを高め、リーダーシップを発揮することで大きな成果を上げたのでした。そのことに気付かれたHさんは、営業の仕方をガラッと変えました。

営業を自分がするのではなく、他人を巻き込んで行う形に変えることで、仕事を楽しくしていき、そして大きな成果を上げるようになったのです。

もちろん仕事のやり方を工夫しても、必ずしもHさんのように成功するとは限りません。どんなに工夫をしても、あなたの五感や感情が変化せず、「楽しくない」ままの仕事もあるでしょう。それは、感情が教えてくれているのです。今のあなたの「楽しさ創造力」では、その仕事があなたに向いていないということを。そのときは、感情の声に素直に耳を傾け、今とは違う仕事へのキャリアチェンジを考えた方がいいでしょう。

ただし、そこに行き着くまで、徹底して頭を振り絞って楽しくする工夫をしてください。ギリギリのところに追いつめられることで、「楽しさ創造力」は大きく育っていくのです。

UP MOTIVATION

「楽しさ創造力」は脳の仕組みに基づく仕事術

なぜ楽しそうに働いている人の方が成功するのか？　その理由の1つは、「人間の脳の仕組みにかなった仕事の仕方」になっているからです。

人間が行動する根本理由は、「痛みを避けるか、それがムリなら戦おうとする」「快楽を得ようと行動する」の2つしかありません。どんな人もこの2つの動機で行動するよう、本能にプログラミングされているのです。

「頑張る」という発想は、「痛みがあることを知りながら、それを我慢して戦っていくぞ！」ということです。

我慢して「頑張る」人の脳内物質

人は痛みや恐怖を感じると、脳内にノルアドレナリンという物質を分泌します。ノルアドレナリンは、人を「痛みからの逃避」か「痛みとの闘争」という2つの行動に駆り立てます。人間が自然淘汰の荒波を生き残ることができたのは、ライオンなどの危険な動物に遭遇したとき、ノルアドレナリンが分泌され「逃げるか？」「闘うか？」の本能的な反応がとっさにできたからです。

ノルアドレナリンの特色は、瞬間的に強いモチベーションを生み出すこと。

火事で燃えている家の中に、母親が飛び込んで行って、子供を救うという話などがこのパターン。「子供が死ぬかもしれない」という恐怖がノルアドレナリンを分泌させ、母親に強烈なパワーをもたらして、普段では考えられない力を発揮させていくのです。ノルアドレナリンは、火事場のバカ力、強烈な頑張りを引き出すことができるのです。

こんなにスゴイ力を我々から引き出すノルアドレナリンですが、いいことばかりではありません。特に問題は、痛みや恐怖が継続した場合です。

痛みが続くと、ノルアドレナリンが脳内で常に分泌されている状況になります。そうすると、ノルアドレナリンが分泌されていても、それへの感度が鈍くなってしまうのです。使いすぎにより、恐怖や痛みへの感覚が麻痺状態になっていくのです。その感覚が当たり前になると、痛みや恐怖がモチベーションとして機能しなくなり、無気力行動になってしまうのです。

代表的なものが、ベトナム戦争などの帰還兵の話です。彼らは戦場で、常に「死」という恐怖と向き合っていました。恐怖によりノルアドレナリンが分泌しっぱなしの状態です。これが数年続いた後に、戦争が終わって平和な本国に戻って来る。すると、廃人のような無気力状態に陥ってしまうというものです。

これは、戦争などという極端な話でなくても、企業の中でも同じようなことはよく見受けられます。

- 上司から四六時中、怒鳴られている人
- ノルマ、ノルマと追い込まれている人
- 食うために、苦手な仕事をひたすら我慢している人

具体的には、こんな状態の人たちです。

営業が苦手なIさん。彼に電話営業の仕事が命令されました。

Iさんの脳には、命令と同時にノルアドレナリンが分泌され、「イヤだな。他の仕事で忙しいと言い訳して、電話営業をサボれないかな?」(逃げる)とか、「イヤだな、苦手だけど仕事だから仕方ない。とりあえず電話営業を頑張るか?」(戦う)と考えます。

電話営業を避けようとサボってしまえば、Iさんの成功への道が閉ざされてしまいます。

逆に、Iさんが「イヤだけど我慢して、とりあえず電話営業しよう」と考えても、あまり明るい未来はありません。瞬間的にはIさんが頑張れたとしても、それが長期間にわたり、「仕事＝電話営業がイヤだな」と考え続けていくとどうなるか？

ノルアドレナリンの使いすぎにより、「頑張って仕事を乗り切っていこう」とする気持ちを継続することができなくなる。そして、仕事への無気力状態に陥ってしまいます。さらに、いつも小さなことでイライラして集中力もなくなり、周りの人からも敬遠されていき、成長へのチャンスも減っていくのです。

仕事は長期間にわたって、継続的に行うものです。短期間であれば、「頑張る」ことで乗り切っていけるかもしれません。しかし、非常に意志の強い人でなければ、「頑張り」は長続きしないのです。

理性では頑張らないといけないことはわかっている。しかし、本能に負けてしまい、頑張りが続かないのです。

仕事を「楽しんでいる」人の脳内物質

一方、仕事を楽しんでいる人はどうでしょう。

私たちの脳は、快楽を感じると、内部にドーパミンという物質が発生するようになっています。たとえば、甘いものが好きな人は、チョコレートを口にすると「美味しい！」と感じ、脳内にドーパミンが発生します。このドーパミンが発生すると、その原因となった行動をもう1回行おうと思うのです。そして、もう一口チョコレートを食べてしまいます。

人は、ドーパミンを何度も発生させた行動に対していい意味での中毒になっていきます。これを脳の学習強化の仕組みといいます。

仕事を楽しんでいる人は、この脳の学習強化の仕組みを上手に利用しているのです。仕事が楽しくなる ⬇ ドーパミンが出る ⬇ さらに仕事がしたくなる。

他人から見たら「すごい努力」も、本人にとってみれば、楽しくてたまらないのでやっているだけ。たいして努力をしているとは感じていないのです。

たとえば、こんな人たちです。

- 有名なプログラマーは、朝から晩まで、食事や寝る時間を惜しんでプログラムを作ります。
- 「国家の品格」の著者でも有名な数学者の藤原正彦さんは、まだ解いていない数学の問題を解くのが、何よりも楽しみだそうです。
- 「YAWARA！」「MASTERキートン」「Happy！」「MONSTER」などの漫画でおなじみの、漫画家の浦沢直樹さんは、ここ十数年、漫画を描くのに困難な肩の持病に耐

えながら、休みなしで漫画を描き続けているそうです。

このような人たちの働く姿は、他人からは「そんなに無理して大丈夫？」と見えます。しかし本人は、それが楽しくて仕方がないのです。無理してるなどとまったく感じることなく、楽しくて、充実した人生なんです。

楽しいから夢中で働く↓働くから結果が出る↓結果が出るから嬉しい↓嬉しいとドーパミンが出る↓ドーパミンが出るともっと仕事をしたくなる↓そして、もっと夢中で働くようになる。

仕事が楽しい人は、「快楽を得ようとする」本能に基づき、ドンドン仕事にのめり込んでいきます。だから成果も出てくるのです。そして、成果が出たことでさらに仕事が楽しくなるという善循環になるのです。脳の仕

「仕事」を楽しむことによる善循環

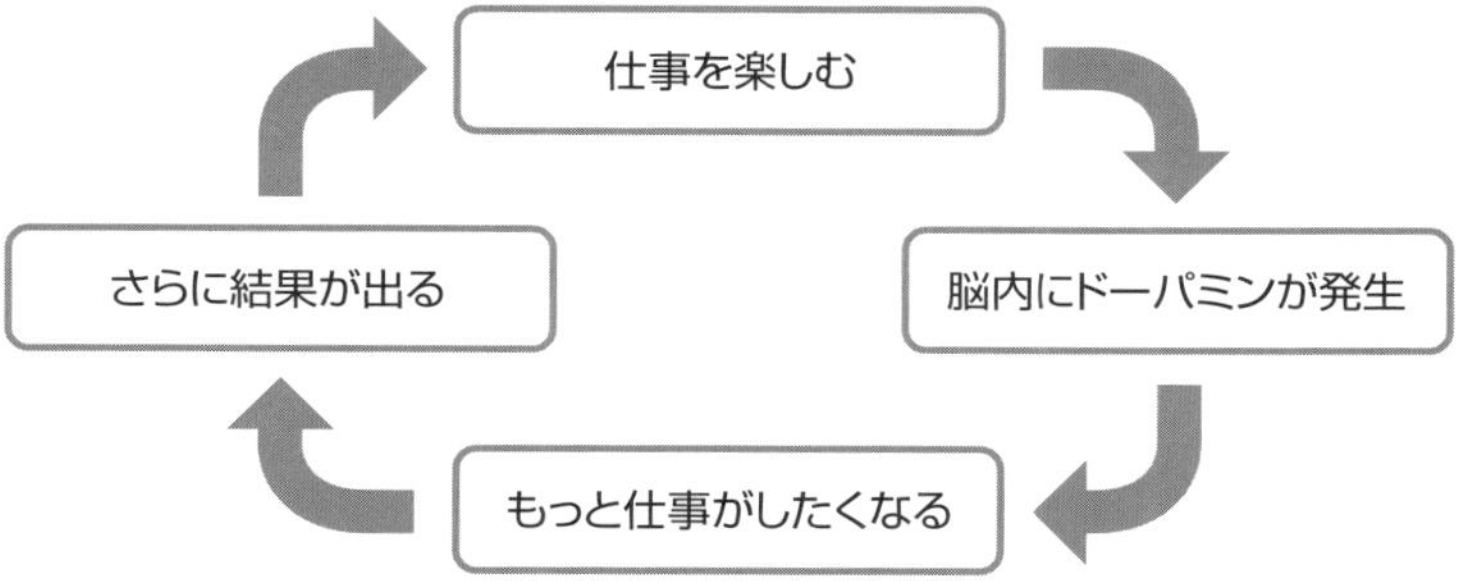

組みにしたがって仕事をすれば、苦労も少なく、結果を出すことができるのです。

私は学生のころまで水泳がまったくダメで、25メートル泳ぐのが精一杯でした。そんな状況でしたから、学校の先生は徹底的に指導してくれるのですが、なかなか上手にならずに逆にドンドン水泳がイヤになっていきました。水泳大会が近付くと、病気でもないのに、なぜか熱が出るほどでした。

それが、15年ほど前に、ダイエットのためにスポーツジムに通い始めたことをキッカケに変わっていきました。

最初はプールで歩いていたのですが、退屈でしたので、ちょっと泳いでみました。すると当然泳げません。しかし、スポーツジムには学校の先生もいませんので、泳げないことを注意もされません。

少しずつ自分のペースで泳ぎ始めると、10メートル、25メートルと泳げるようになっていきました。泳ぐ距離が伸びるたびに、達成感が生まれてきました。

「俺にもできるんだ！」と、脳が少しずつ泳ぐことに快感を覚え始めたのです。

調子に乗った私は、ドンドン距離を自分で延ばして泳ぎ始めました。泳ぎ方や練習方法も少しずつ工夫をしていきました。泳ぐことにハマっていきました。

気が付くと、今では1キロ泳ぐのも何ともありません。同じ水泳で、同じ私がやっているのですが、脳が「苦痛」と思うか「快楽」と思うかで、能力の向上の度合いや、成果がまったく違うのです。

仕事も同じ。頑張ろうと苦痛の面から仕事をとらえるのか、それを楽しもうと工夫を行い、快楽の面から仕事をとらえるのかで、大きく成果が違ってくるのです。

仕事を頑張ろうと一時的に頑張って乗り越えることができたとしても、脳の仕組みによりそれは長続きしません。

一方、仕事を楽しくすることができれば、脳の自動操縦機能が成功へと、長期間、自然に導いてくれるのです。

「頑張る」発想をやめ、仕事を楽しみ、豊かになりませんか？

UP MOTIVATION

「絶対に仕事を楽しんでやる！」と覚悟を決める

イヤなものはイヤだと最初に認めること

「仕事を楽しむ」ための方法などというと、単なる「プラス思考で仕事をすること」かと思われる方も多いでしょう。しかし、あえて言うなら、私はプラス思考ではなく、どちらかといえばマイナス思考です。そんな私が作った考え方ですので、プラス思考とはかなり違っています。

我々には、イヤな仕事、苦手な仕事、退屈な仕事などを、どうしても避けることができない場面があります。また、思いもかけない逆境も起こってきます。それが人生です。そして、「楽しく仕事をすること＝イヤな仕事をしないこと」とは、まったく違います。イヤな仕事だからといって、避けることはできず、「やらなければいけないこと」なのですから。だから、この本で紹介する技術を使って、イヤな仕事でも楽しめるようになっていただきたいのです。

間違ったプラス思考を信じている人の中には、「そのようなイヤな仕事はないんだ！　苦手な仕事はないんだ！　プラス思考で考えるんだ！」と自己暗示をかけて、現実をごまかそうとしている人がいます。そうなると現実逃避を起こすだけ。

仕事を楽しむためには、まずは自分の気持ちに正直になることです。「退屈な仕事」「イヤな仕事」「イヤな上司だ」という気持ちをまず正直に吐き出しましょう（声に出せるときは声に出してＯＫです）。そして、「よし！　楽しむ技術を使って、なんとか楽しくできないか？」と考えていくのです。

最初に間違ったプラス思考を使ってしまい、無理矢理「イヤな仕事ではないんだ」と思い込もうとすると、「楽しくする工夫（努力）」を怠ってしまうことになる。だから、まずは気持ちに正直になることが大切になるのです。

イヤな上司、イヤなお客、イヤな仕事に、あなたの人生、幸福を傷つけられたくないですよね。そんな奴らのために、イヤな気分で仕事をしたくないですよね！　だから「仕事を楽しくする努力」が必要なのです。

何かの大きな目標や夢を達成しようとすれば、大きな逆境を乗り越えていかなくてはなりません。イヤな仕事を乗り越えていかなければならないのです。プラス思考で考えて、「なんとかなるさ！」「夢を強く信じれば必ず実現する」とだけ考えていても、なんとかなるものではありません。

運は夢中で努力している人に舞い降りてくるだけで、現実逃避している人には降りてきません。目標や夢を達成するために、何をしなければならないかという現実をしっかり整理して、イヤなことでもそれを徹底して楽しむ工夫をして、乗り越えていく必要があるのです。

「楽しさ創造力」の力についてご紹介する前に、皆さんに1つお願いがあります。

それは、**本気で「仕事を楽しむ」と決意してほしい**のです。

このことを皆さんに決意していただかなければ、この後の話は意味を持たなくなってしまいます。

「仕事を楽しむ」ためには努力が必要

「仕事を楽しむ決意」と聞いて、大げさだなと思われる方もいることでしょう。しかし、決して大げさな話ではありません。

多くの人が、仕事を楽しみたいと思ってもそれを実現できていないのが現状です。

それはなぜか？

ほとんどの人が、「仕事が楽しいといいな」と思っても、「でも、そんなに甘くないよね」とか「でも、仕事に我慢はつきものだよね」とか、「でも…」という言葉であきらめているのです。

本気になって、「どんなことがあっても、仕事を楽しいものにしていこう！」という決意を固めている人はほとんどいません。「仕事が楽しくなることを受け身で求めている」だけなのです。幸福の青い鳥を探しているだけで終わっているのです。

「できれば仕事を楽しくしよう！」

その程度「思っている」だけでは、楽しくはなりません。あなたの本来持っている「楽しさ創造力」は発揮されることなく、眠ったままで終わってしまうのです。

仕事をしていれば、「イヤなこと」「つらいこと」「苦手なこと」「怖いこと」などが、どうしても発生してきます。そんなとき「どんなことがあっても、絶対に楽しんでやる。これを楽しむにはどうしたらいいかな？」と知恵を振り絞る習慣がなければ、仕事を楽しみ続けることはできないのです。

楽しむ決意をしていない人たちは、仕事を楽しむために頭に汗をかくことからすぐに逃げてしまいます。「頑張ろう」「耐えていこう」「我慢していこう」という言葉でごまかしてしまいます。

「頑張る」という言葉に逃げると、考える面倒がいらないのでラクかもしれません。しかし、楽しくない、つらい現実から逃げてはダメなのです。

「楽しく過ごしていこう」と思えば、「退屈なこと」「イヤなこと」「苦痛なこと」「苦手なこと」でさえも、知恵を振り絞って「楽しいこと」に転換していく必要があるのです。

受け身で、「できれば…」などと考えているようでは、「楽しい仕事」にはなりません。**「どんな仕事でも絶対に、楽しくしてみせる」という覚悟が必要**なのです。

「仕事に苦痛はつきもの」という考え方に絶対に安住しない、「どんな仕事でも楽しくしていく」という覚悟で仕事をする。その覚悟が「仕事を楽しむ工夫」という次の行動を生み出すのです。

もし、私から皆さんに「頑張って」という言葉をかけるとすれば、「仕事を楽しくする努力(工夫)を頑張って!」ということだけです。

ただし、「楽しくするための頑張り」は、すぐに「頑張ること」ではなくなり、楽しいことになりますからご心配なく。

UP MOTIVATION

「楽しく働く」ということについての誤解

「仕事を楽しくすることが、生産性を上げる」という話をすると、ガチガチ頭の方から、次のような反論を受けることがあります。

「楽しいことばかりやっていてうまくいくんだったら苦労はないよ！」

「苦労を耐えて、我慢して頑張ることで初めて成果は出るんだ」

ガチガチ派の方々は、楽しく働くということについて、次の３つの誤解があります。

誤解１　「仕事を楽しくする ＝ 仕事をサボってラクをする」という誤解

仕事をラクにすることと、楽しくすることとは、まったく違います。

ラクにするという発想は「仕事＝苦役」という概念からのもの。苦役である仕事を、要領よくサボって負担を少なくするという考え方です。

一方、仕事を楽しくするということは、そのような意味とは正反対。「夢中になること」「仕事＝楽しいこと」にしていくことで、負担を少なくすることを目指しているのです。人間、夢中になっていると、時間の流れをあっという間に感じてしまう。そんな状態を目指しているのです。

誤解2
「仕事を楽しむ ＝ 現状に甘えてラクをする」という誤解

人と同じような仕事、周りから喜ばれない仕事、毎日繰り返しの単純な仕事をしていては楽しむことはできません。昨日と同じ仕事を同じようにやっていても楽しさは生まれないのです。

現状維持に甘えていては、楽しみ続けることはできないのです。

今よりも一歩高い仕事を目指して常に努力をし、チャレンジしているから楽しいのです。そんな仕事でなければ、周囲から真の感謝、心の込もった「ありがとう」の言葉もかけてはもらえません。

目標を懸命に追っていく行動、人より一歩上の仕事をすることから楽しさは生まれてくるのです。現状に甘えることなく、チャレンジしていくことで、楽しさは生まれてくるのです。

ただ、そのチャレンジは、他の人からの強制ではなく、自分の内面からの声にうながされていくチャレンジなのです。

誤解3 「仕事を楽しくする＝好きなことだけやって、仕事を選り好みする」という誤解

どんなに好きなことも、好きであり続けることは難しいものです。

好きであり続けるには、苦手な仕事、イヤな仕事、退屈なルーチンワーク、ハードワークなど、苦痛を感じることでも乗り越えていく必要があります。仕事においてはこれらを「やりたくない」と避けることは絶対にできません。

何も考えずに仕事をするなら、苦痛な仕事、退屈な仕事が、楽しくないのは当たり前です。苦手な仕事、苦痛を感じる仕事、ハードワークでさえ「楽しい仕事」に転換していく努力。これこそ、「楽しさ創造力」の真骨頂なのです。

楽しく仕事をしている状態とは、熱い思いで夢中になって没頭できている状態。
夢中になって、仕事に没頭しているから楽しいのです。
だから、「頑張っている」という意識はないのです。
他人から見たらスゴイ努力をしているように見えますが、本人は遊ぶのと同じ感覚。
楽しいからやっているだけなのですから。

第3章

仕事を楽しむには どうすればいいのか?

MOTIVATION UP

経験曲線上の閾値《いきち》を越えられるかどうかが鍵

子供のころから「プロ野球選手になりたい」と願っていた人でさえも、夢がかなってプロに入ったとたん、練習をサボるようになってしまいます。夢にまで見た「仕事」に就いた人でさえも、つらいと感じてしまうのです。まして、なりたくてなったわけではない仕事に就いた人ならば、なおさらでしょう。

仕事をしていると、たとえば、次のような「つらいこと」が日常的に起きます。

- 上司からの理不尽な指示
- 夏場に蒸し上がるような環境での仕事
- お客様からの侮辱
- 職場内の陰湿な人間関係
- 目が回るくらいに次から次へと頼まれる仕事
- 目標からのプレッシャー
- 頼りにならない部下の失敗の尻ぬぐい

こんなにつらい目に遭わなければならないのですから、「仕事とは、お金のためにしなければいけない苦役だ」と考える人が多いのも、仕方のないことかもしれません。

しかし、「苦役」と思って仕事をしていけば、常にストレスに悩まされ、あなたのクリエイティブな能力を発揮する余力はなくなってしまいます。その結果、苦労の割に、豊かになれないまま一生が終わってしまうのです。

1960年代初頭、「経験曲線」という理論を、ボストンコンサルティンググループが発見しました。この理論は、「仕事の経験を積めば積むほど、生産性が上がり、安くものを提供できるようになる。しかし、その生産性の上がり方は一直線ではなく、ある閾値(変化が起きるかどうかの境目となる値)を越え

経験曲線

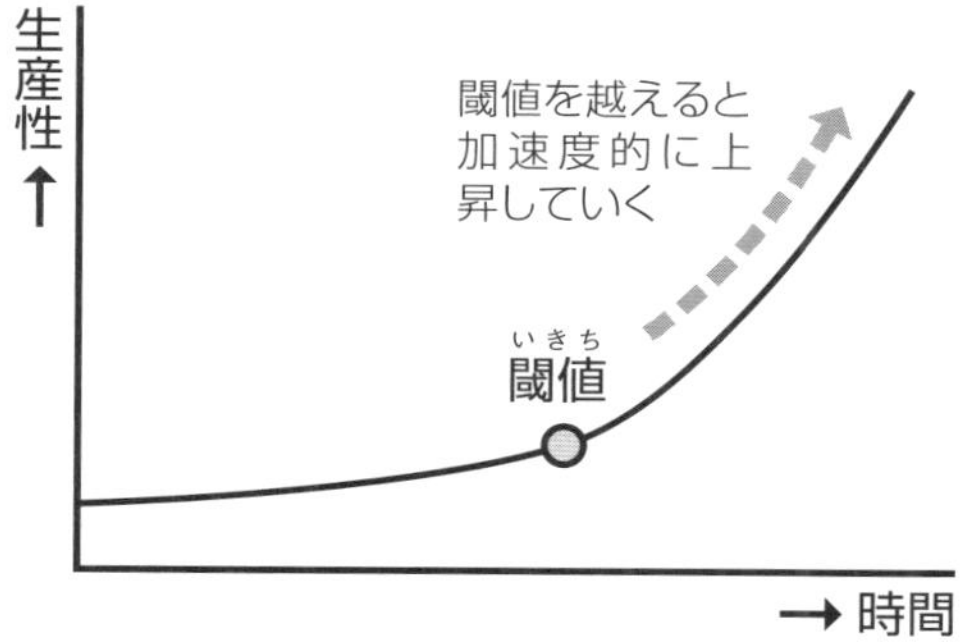

ると加速度的に上昇していく」という考え方です。２００６年に15万ほどしたような32型液晶テレビが、最近になると3分の1以下の価格で買えるようになったのも、「経験曲線」の理論で説明できます。

この理論は、あなたの仕事にも応用できます。豊かになるために新たに仕事にチャレンジしても、最初は少しずつ、自分でも上達しているかどうかわからないくらいしか結果は出ません。努力に見合うような結果が出ないこともあるでしょう。しかし、**ある閾値を越えると急に結果が出てきます。**それが、この理論のポイントです。

多くの人は、この閾値に至るまでの仕事を「苦役」「苦労」「我慢」と感じます。そして、この閾値に達する前に耐えきれずにあきらめてしまうのです。

企業の経験曲線の閾値であれば、「どのくらい経験を積めば、どれだけ生産性がいつから上がるのか」と理論値を出すことができます。それゆえに、企業は閾値を越えるまで我慢することができ、最初のうちは赤字になることがわかっていながら、先行投資をしていけるのです。

しかし、人間の場合は、計算により「闘値がいつ来るのか？」を推し量ることはできません。しかも、この闘値は、仕事だけではないのです。

学生時代、ギターを一度はやってみたいと思ったことがある人も多いでしょう。しかし、始めてみると、すぐに挫折する人と、そこからギターにハマる人に分かれていきます。その分岐点＝闘値の１つが、コードを覚えて、数曲が自由に弾けるようになることではないでしょうか？　挫折する人は、コードを覚える面倒くささや、自由に指が動かないイラだたしさ、弦を押さえる指が痛くなることを乗り越えることができずに、そこで努力をやめてしまうのです。

私も高校のころ、ギターをやり始めたのですが、闘値越えができずにあきらめてしまいました。しかし、その闘値を乗り越えることができた何人かの友人は、「ギターを弾くこと」が「とても楽しいもの」になっていきました。

闘値を越えたところで、成果が生まれます。闘値を越えたところで、自然に（努力不要で）仕事が楽しくなっていくのです。

あなたが閾値を越えるまでに、あとどれだけの時間がかかるのかは誰にもわかりません。

- **閾値を越えるのは明日なのか?**
- **閾値を越えるまでに30年かかるのか?**
- **一生かかっても閾値を越えられないのか?**

だから、みんな豊かになってしまう前にあきらめてしまうのです。

豊かになるには閾値を乗り越えなければならない。しかしそれは、いつ来るかわからない。また、閾値は、仕事をしている限り、何度でも発生してきます。閾値を越えたと思ったら、また次の閾値が生まれてくるのです。

閾値を越えるまでの仕事を「どれだけ楽しむことで乗り切っていけるか」が豊かになるための鍵になるのです。思うような成果が出ない時期でも、仕事を楽しくする工夫をして、閾値を乗り越えていく力が必要なのです。

どんなに楽しいと思える仕事にも、閾値までの苦労はあるのですから。

夢にまで見たプロ野球選手になっても、閾値を越えるまでは、練習の成果は出てきません。野球でいえば、二軍のレギュラー、一軍への昇格、一軍のレギュラー、タイトルホルダー、大リーグ…。1つ閾値を越えたと思ったら、また次の閾値がやってきます。

多くの選手は、一軍のレギュラーまでの閾値を越えるための、厳しいトレーニングを継続することができずに、引退を迫られる状況になっているのです。


仕事がいつも順調に進んでいたり、閾値を簡単に乗り越えることができるのなら、「楽しさ創造力」などは必要ありません。楽しさを作り出さなくても楽しいのですから。

しかし、現実には、仕事には「思うようにいかないこと」はつきものです。目指すべき目標が高いほど、「思うようにいかない現実」を我慢することだけで乗り越えようとすると、耐えきれずに押し潰されていきます。そんな時こそ、「思うようにいかないこと」を楽しさに転換していく努力が求められるのです。

UP MOTIVATION

「楽しさ創造力」はゴルフのスキルと同じ

私の友人で、今は内科医をやっているJ君。

彼は子供のころから勉強ができる生徒でしたが、ガリ勉タイプではありませんでした。英語や社会科の暗記などがあれば、暗記ゲームのルールを自分で作り、算数の問題はクイズとしてまとめ上げ、それをもとにクイズ大会を開催して遊んでいました。ゲームやクイズを作ることで、彼は遊びながら勉強を行っていたのです。一般的には苦役な勉強を、彼はゲーム化していくことで楽しんだのです。

彼のように、「楽しさ創造力」を生まれながらに持っている人もいます。

ということは、「楽しさ創造力」は、一部の人が持つ特殊な才能なのでしょうか？　それとも、誰でも身に付けられる技能なのでしょうか？

これは、両方とも正解。

今現在、「楽しさ創造力」が低い人も心配はいりません。この「楽しさ創造力」は1つのスキル。学び修得していくことでレベルアップできるのです。
では、どうすれば一日も早くスキルアップできるのか？

たとえば、ゴルフのスキルで考えてみましょう。ゴルフ未経験者が早く上手になろうとするなら、次のようなステップでスキルアップしていくのが近道ですよね。

❶ゴルフの上手な人からゴルフの基礎理論、基礎技術をしっかり教えてもらう
❷自分に合ったクラブ（道具）を見つけ、その上手な使い方を教えてもらう
❸繰り返し練習して自分のものにしていく

「楽しさ創造力」のスキルも、ゴルフのそれと同じです。次の３つを実行していけば「楽しさ創造力」は、身に付いていくのです（詳しい中身は後でご説明します）。

❶仕事を楽しむための基本理論を学び
❷その論理を日常の中で実践していくためのツールを覚え
❸確実に日々の中で反復実践していき、習慣化していく

もちろん先述したJ君のように、生まれながらに「楽しさ創造力」が高い人は、改めてこのスキルを身に付ける必要はないかもしれません。

一方、一般的な人であれば、この「楽しさ創造力」のスキルを修得していかないと、いつまでも「苦労」や「ストレス」から解放されないでしょう。仕事をしている限り、仕事のトラブルはあなたに起こり続けるからです。「楽しさ創造力」のスキルを身に付け、さらにレベルアップをしていかないと、生まれながらに「楽しさ創造力」を持っている人に、ドンドン差をつけられて、格差が広がってしまうのです。

しかし、「楽しさ創造力」が低い人にも朗報があります。

私はコンサルティングや講演の中で、「楽しさ創造力」の具体的スキルを教えているわけですが、そのときに、よく受講生の皆さんからお聞きするのがこんな声です。

「私が最初から『楽しさ創造力』を身に付けていなくて本当によかった。『楽しさ創造力』を最初から持っている天才肌だったら、部下が楽しく仕事ができていない理由もわからなかったでしょう。また、どうやれば楽しく仕事ができるかというノウハウも勉強しなかったでしょうし、指導もできなかったでしょう。今まで、頑張るしかないと真面目に考えすぎていた私だから、周りに『楽しさ創造力』を伝えることができるんですよ」

実は私も、これを実感しています。本書の「はじめに」でもご紹介したように、私は高校時代の偏差値が39。当時の私は、イヤイヤ勉強していました。勉強を楽しくする工夫がまったくできない「楽しさ創造力」が低い人間でした。だからこそ、成功者から学ばせていただいた「楽しさ創造力」を普通の人でも実践できるように体系立ててノウハウ化することができ、皆さんに伝えていくことができるのだと思っています。

今のあなたの「楽しさ創造力」のレベルが低くても、大丈夫です。逆に、今、低いということが大きなチャンスなのです。学ぶことで、このスキルは修得できますし、他の人に教える力も身に付けることができるのですから。

UP MOTIVATION

「楽しさ」を科学する「フロー理論」

「フロー理論」をご存じでしょうか？

これは、アメリカの心理学者、チクセントミハイが提唱した心理学理論です。彼は、人間の楽しさとは何かを研究している心理学者です。この理論では「退屈で無意味な生活でさえ、楽しいものにするにはどうすればいいのか？」が整理されています。

簡単に内容をまとめると、次のようになります。

- 幸福を求めていない人間はいない
- 「お金持ちになりたい」などの欲望や快楽が満たされるだけでは、幸福にはならない
- 幸福になるには、「生きていく活動の中に『楽しさ』を見つけていく」必要がある
- 「時間の流れも感じず、自分という存在すら忘れてその活動に没頭している状況」を、人は楽しいと感じる。これをフロー状態という
- 人はフロー状態を、「趣味の活動」や「仕事の活動」など、さまざまな活動の中で感じることができている

● どんな活動を行っている中でも「フローを作り出すこと＝楽しさを作り出すこと」は可能である

私自身、この理論に基づいて仕事のやり方を変えていったことが、楽しく仕事ができるようになるキッカケになりました。

もう少し、このフロー理論について説明していくことにします。

通常、誰もが「幸福」を求めています。しかし、一般に、青春時代を過ぎると、「幸福」ということを考える機会は少なくなります。代わりに、同意語として「成功」や「夢」という言葉をよく使うようになります。

では、「成功」とか「夢」が実現できれば幸福なのでしょうか?

私にも、次のような夢があります。

● 年収1億円を実現して、セミリタイアで仕事ができたらいいなぁ

● 「楽しさ創造力」という考え方を全国に広げて、日本のすべての人々が、ワクワクしながら仕事ができるようにお手伝いができたらいいなぁ

皆さんにも、たとえば次のような、さまざまな成功イメージ、夢、目標があるでしょう。

- これくらいお金が欲しい
- こんなものが買いたい
- こんなところに旅行に行きたい
- こんな家に住みたい

しかし、これが実現できれば幸福なのでしょうか?

よく、成功哲学について書かれた本がありますが、それに書かれていることを実践して夢が実現すれば、本当に幸福になるのでしょうか?

チクセントミハイは言います。「おそらく、その夢が達成できたら、また新たな夢ができてくるだろう。つまり、その考え方では、一時的な幸福しか手に入らない。また、成功への欲求が強ければ強いほど、現状に対する欲求不満も強くなり、不幸感は高くなる」(誤解をしないでほしいのですが、夢や目標を持つのが危険であるとか、意味がないとか言っているのではありません)。

また、「現実」は厳しいものです。夢や目標がかなう人は、ほんの一握りです。どんなに一生懸命に努力しても、夢や目標をかなえることができない人の方が多いのです。それどころか、地震や台風などの災害や、不慮の事故に遭い、夢を途中であきらめなければならなくなった人も、世の中にはたくさんいます。そのようなアクシデントに遭遇した人は不幸にしかなれないのでしょうか?

不慮の交通事故に遭って下半身麻痺になってしまった人の中にも、何気ない日常に幸福を感じて暮らしている人はたくさんいます。アフリカの方に行くと、日本では考えられない貧困の中で、楽しく幸福に暮らしている人々がたくさんいます。彼らは夢の実現に幸福を求めているのではなく、日々の活動の中に幸福を見つけているのです。

フロー理論では、「夢の実現」や「成功」「目標の達成」は、日々の楽しい活動の副産物にしか過ぎないと考えています。

お金や物の獲得だけを成功の基準として頑張っていっても、それを手に入れる人はわずかです。幸運にも手に入れることができたとしても、その瞬間しか幸せを感じません。

成功だけを目的とすれば、そのための日々の仕事は、目標や夢の達成のための苦役となってしまいます。人間、苦役を続けるのは難しいから、夢への努力も長続きしません。結果、多くの人は、夢が夢のままで終わってしまうのです。

だから、根本の考え方を変えましょう！

「日々を楽しむ。目の前の活動を徹底的に楽しむ。楽しんだ結果として、成果が出る。成果の副産物として成功がある」という考え方に変えるのです。目標や夢が未達でも、不幸ではないのです。それを目指す活動そのものが幸福であるという考え方に変えるのです。

仕事でいえば、**「仕事を徹底的に楽しむ」こと。「目の前の仕事に没頭する」こと。そうすれば必ず成果はついてくる。仕事を楽しむことができた人にお金はついてくる。夢は実現できる。**という考え方なのです。

こう考えると、お金を追求して仕事をしていくより、簡単な話になってきます。

UP MOTIVATION

楽しさを創造する5つの条件

チクセントミハイの研究により、「楽しく感じる状態＝フロー状態」を分析することを通して、いくつかの条件を揃えることができれば、どんなことにも「楽しさ」を作り出すことができることがわかってきました。その楽しさを生み出す条件をまとめると、次の5つになると思います。

❶自己目的的な活動
❷目標の設定とフィードバックの仕組み(ゲーム化)
❸自己統制的な感覚
❹能力拡大の実感
❺注意の集中

ちょっと難しい言葉が並んでいますので、ここでは、ポイントを絞って解説します(詳しい内容が知りたい方は、チクセントミハイの著書「フロー体験 喜びの現象学」(世界思想社)をお読みください)。

❶自己目的的な活動

お金のため、上司のため、会社のためなどの○○のためということではなく、「活動そのものがやりたいから」「活動そのものが楽しいから」「活動そのものに興味があるから」という理由で活動しているということです。魚釣りが趣味の人は、お金のために魚釣りをしているのではありません。魚釣りをすることが楽しいから、魚釣りをしているのです。

❷目標設定とフィードバックの仕組み

私は掃除をするのが正直あまり好きではありません。そこで工夫をしてみました。まずは、漠然と掃除をするのではなく、30分以内に終わらせようと目標設定をしてから取り組んでみました。すると、夢中に取り組める度合いが違ってきました。

さらに、掃除をする場所に、全体の10%、20%と目安を作り、10分経過時点で30%掃除完了、15分時点で55%完了などと目標に対して現状の進み具合を確認できる状態にしました。そうすると、イヤだった掃除が、「少しでも早く掃除を終わらせようというゲーム」

に代わり、いつの間にか夢中にやっている自分になっていました。

このように目標を作り、自らが知りたいときに、現状の進捗状況を知ることができる状態にあると、いつの間にかイヤなことでも夢中に取り組むことができます（ただし、誰かから強制された目標であれば、没頭することは難しくなる）。

❸自己統制的な感覚

他人があなたの活動を管理しており、「やらされている」という受け身の感覚になると、どんな活動でも楽しくなりません（たとえば魚釣りが趣味の人でも、周りから無理に魚釣りをさせられれば楽しさはなくなります）。

活動そのものが自分で決めたものであり、「自分の主人は自分だ。自分を支配しているものは自分だ！」という感覚が、楽しく活動を行うための重要な要素になります。

❹能力拡大の実感

自分の足元を見つめ、「確かに昨日よりは今日の方が進歩している」という喜び。これがあると楽しくなってきます。小さな幼児のころから、我々には本能としてそれがあるのです。

活動を通して、「昨日よりできるようになった」という、「能力アップしている実感」が楽しさの1つです。毎日、同じような作業の繰り返しでも、その中で生まれるたった1つの能力アップの実感が、楽しさを創造していくことになります。

たとえば、ランニングを楽しんでいる人から、こんな能力アップを実感するための工夫を聞きました。

「『昨日500メートル走れたが、今日は600メートル走り、100メートル長く走れた』という能力アップを実感する。『昨日より1秒早く走れた』『連続ランニング記録を1日更新した』などの能力アップを実感する。無意識でしたが、そんな能力アップの実感の繰り返しで、ランニングが楽しくなっていったのです」

工夫次第で、どんなことにも能力アップの実感を感じることができ、楽しいものにしていくことは可能なのです。

❺注意の集中

楽しさは、活動への没頭により生まれます。何かに集中して、時間の経つのも忘れた感覚が楽しさを生むのです。

しかし、我々の日常にはさまざまな邪魔が入ってきます。たとえば競技直前の選手に、さして重要でもない電話がかかってきたとしたらどうでしょう。せっかく競技に向かって集中していても、邪魔が入れば、その集中は途切れてしまいます。注意の集中を妨げる最大の障害は、実は電話のような外部からの邪魔ではなく、心配事・やり残していることなどの、自分の内面からの邪魔です。

心配事や、やり残していることがたくさんあると、楽しい趣味をやっているときでも、その心配事があなたを支配していき、集中できなくなり、楽しさが薄れていくのです。注意力を妨げる邪魔ものを上手に管理し、意識を集中できるようにしていく工夫が、仕事を楽しむためには必要になるのです。

次項目では、ここで述べた「楽しさを創造する５つの条件」を、仕事をする際、どのように「楽しさ創造力」に取り入れていけばいいか、具体的な技術についての概要を紹介します。

MOTIVATION UP

仕事を楽しむための6つの技術

フロー理論の「楽しさを創造する5つの条件」を、我々の日々の仕事の中にどのように活かしていけばいいのでしょうか?

たとえば、私の場合、年末の大掃除という作業も、女房から命令されてイヤイヤやると苦痛になります。「なんとか手抜きしよう」などと考えながらやってしまうので、なかなか終わりません。

しかし、苦痛の掃除が楽しく感じるときもあります。

それは、次のように、フロー理論の5つの条件がうまく織り込まれていたときです。

- 来年を気持ちよく迎えたいので、自ら掃除をしようと思った(自己目的活動・自己統制感)
- 「自分の部屋の資料だけでもキレイに片付けよう」と決めた(目標設定)
- 実際に、ドンドン資料が減ってきて、部屋がスッキリしてきた(フィードバック)

- **片付けているうちに、上手に資料整理するコツがわかってきた（能力拡大の実感）**
- **電話など一切取らずに掃除に没頭した（注意の集中）**

このような状態で掃除をすると、あっという間に夕方になってしまい、何ともいえない充実感に包まれます。そんな体験が、皆さんも一度くらいはあるのではないでしょうか？

あんなにイヤだった部屋の掃除が、楽しくできる！

まさに「フロー状態＝楽しい状態」ではないでしょうか？

どんな仕事や活動でも、フロー理論の5つの条件を意図的に組み入れていけば、いつも仕事を楽しく行えます。そのためには、フロー理論を日々の仕事で応用していくための具体的な技術が必要になってきます。私はそれを「仕事を楽しむ技術＝楽しさ創造力」として、次の6つにまとめてみました。

❶会社・仕事のワクワク感を見つける技術（ワクワク発見力）
❷仕事をゲーム化する技術（ゲーム化力）
❸目の前の仕事に集中するための技術（頭の整理術）

❹心配事やイヤな仕事にも動じない技術（気持ちのコントロール術）
❺効率よく能力を身に付ける技術（高速学習術）

それに追加して、フロー理論とは関係ありませんが、仕事を楽しくする上でサラリーマンが避けて通れない

❻「上司」とうまくやっていくための技術（上司チューニング術）
※上司に限らず、部下、同僚とうまくやっていくための共通する技術を紹介しています。

本書ではこれらの具体的なテクニックについて、第5章～第10章で順に紹介していきます。ぜひ、これらのテクニックをマスターして、**仕事を楽しいものに変えていく力＝楽しさ創造力**をレベルアップしてください。

各テクニック論に入っていく前に、「仕事をつらいもの・つまらないもの」にしてしまう4つの障害物と、それを乗り越えていくために私たちが変えていくべき思考様式を次章では、ご紹介していきます。

第4章

楽しさを奪う4大リスクと身に付けておくべき思考様式

UP MOTIVATION

努力しても成果が上がらないときの思考様式

順調に仕事を楽しくできていても

- 努力しても、なかなか成果が上がらないとき
- 上司や顧客などから、あなたの仕事を否定されたり批判されたとき
- 挫折を繰り返すことで、失敗することが怖くなったとき
- 安定した仕事を奪われ、変化が求められたとき

といった事態が起これば、仕事は急につまらないものになってしまうことが多いです。そして、これらは、働いていれば、あなたにも何度も起こりうるリスクです。

これらの事態でつまずき、転んで痛い思いをすることを避けることはできないでしょう。しかし、転ぶにしても上手な転び方をしていけば、その後すぐに立ち上がり、ニッコリ笑って仕事は楽しくできるものです。

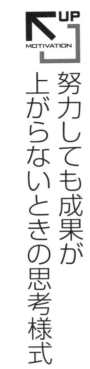

そこで、仕事を楽しくする技術＝楽しさ創造力について触れる前に、**上手に転ぶために身に付けておくべき思考様式**をいくつかご紹介します。

努力しても成果が上がらないとき

仕事を楽しくできていても、何度か「努力しても、見合うだけの成果が上がらないな」「懸命に努力をしているのだけど、他人と比べると大して成果が上がっていないな」など、「努力が報われないなぁ」と感じることが何度か続くと、仕事の楽しさがだんだんと失われてしまいます。

この気持ちの落ち込みを増幅するのが、**「努力は必ず報われるもの」という思考様式（思い込み）**です。これは、子供のころから、親や先生たちなどから教育されることによって身に付いたもの。

この思考様式が強い人ほど、「努力が報われないなぁ」と感じると自分自身が無能力・無価値のような感覚に襲われたり、自身のプライドが大きく傷つけられた感覚に陥ります。結果、努力が報われないことが何度かあると、仕事で努力することを嫌うようになっていきます。
「努力は必ず報われる」という思考様式の強い人は、努力と成果の関係を、正比例の関係のように考えています。

しかし、現実は、「努力に応じて必ず報われる」ということはありません。すぐに努力が報われることの方が珍しいものです。現実は、下図のように、努力が順調に成果が上がるというわけではなく、後退することさえ何度もある。そんな山、谷の上り下りの繰り返しの結果、努力は報われていくのです。

これがわかると、努力して成果が出ないことはまったく恥ずかしいことではないのです。当たり前の話ということ。さらに一歩深く考えてみると、

努力と成果の関係

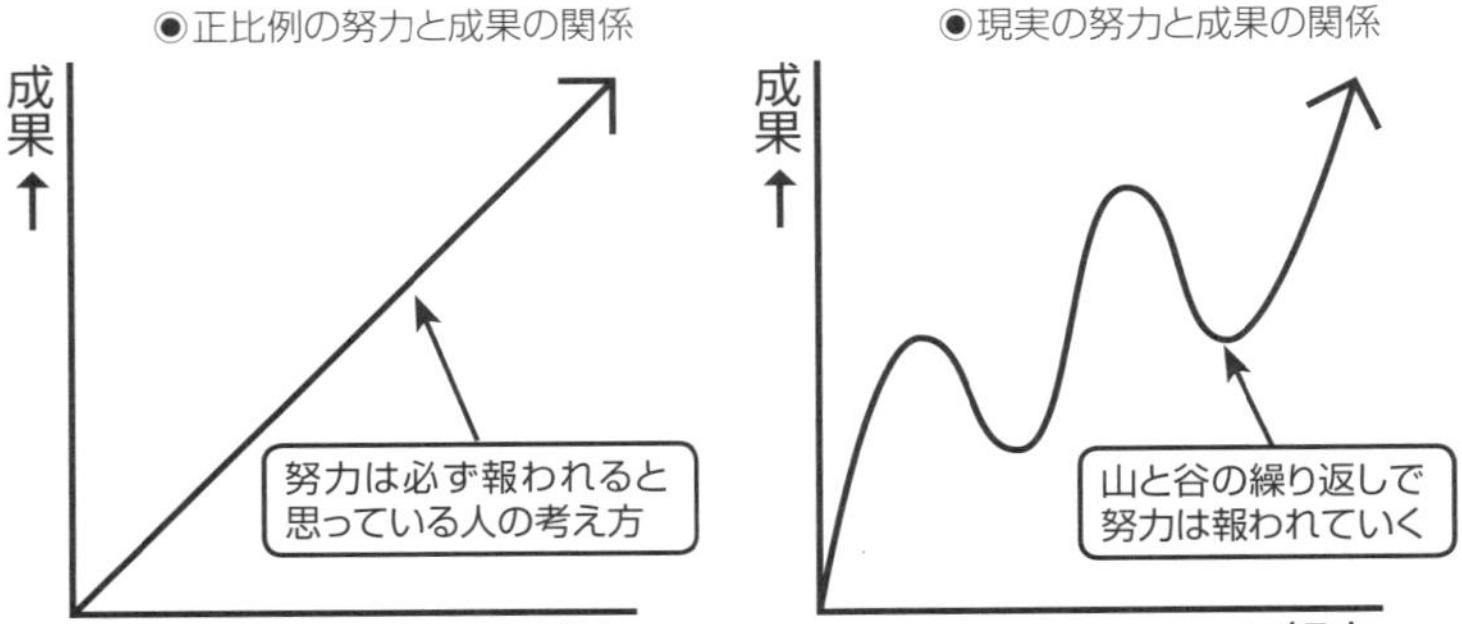

本来努力というのは成果の必要条件ではあっても充分条件ではありません。

成果＝努力±（プラスマイナス）運

努力とは必ず成果につながるものではなく、「努力とは成果が上がる確率を向上させる活動」なのです。このように努力の本質を正しく理解することが大切なのです。

努力が報われなくても、決して「ホントのあなたの能力の否定」ではありません。努力して成果が上がらなくても「今の運では、自分の力では不足しているだけ」と少し気楽に考えていくくらいが丁度いいだけの話。「努力は報われるもの」と結果ばかりを意識すると、仕事で努力することがイヤになってしまいます。

そこで、仕事を楽しくするためには、「努力は必ず報われる」から

「努力は、必ず成長につながる」

という思考様式へ転換することが必要になるのです。

つまり「結果」に着目せず、「成長」に着目しようということ。努力しても、思うような結果は出ないかもしれない。しかし、絶対に「成長」にはつながります。
たとえ努力がうまく成果につながらなくても、その失敗から最低「教訓」くらいは得ることができたはず。教訓を知らなかったころの自分と比べて成長ができているということです。**努力は成長するための行為であり、結果は副産物という思考様式**を持ってください。

努力すれば、私たちは４つの成長のどれかは必ず手に入れることができます。

❶努力の成長

今まで以上に、努力の量が増えた。困難なこと、イヤなことにチャレンジできたという成長（努力の質）。

❷能力の成長

できないことが、できるようになる。知らないことが、わかるようになる。体験に慣れる。失敗や挫折をする中で教訓を得た。新しい習慣ができるという成長。

❸人への思いの成長（人間関係の成長）

相手への思いの成長（相手をより深く思うことができ、好きになっていき、彼のためにも何か努力できたという成長）。

❹結果の成長

❶〜❸までの成長に着目すれば、結果が出ずとも「成長したぞ！」という喜びを誰しも実感できます。そして、「仕事で努力すること」そのものが楽しくなってくるのです。努力することが楽しくなってくれば、いずれ❹の結果の成長も実現するのです。

成長は、成果より地味なように思う方もいるかもしれません。しかし、１日わずか１％の成長を続けたとき、１年後の姿は、どれくらいになると思いますか？

なんと、１年後には37倍に成長するのです。

たった、０・１％の成長を実現していくだけでも、今より３・７倍優れたあなたに成長しているのです。これだけの成長をしていれば、多少不運なときでさえ、それなりの成果は出てくると思いませんか？

「努力は報われるものだ」という考えに縛られ、失敗だ、成功だと目先の結果に一喜一憂するのをやめ、成長している自分を楽しみましょう！

とはいえ、まだ努力しても、すぐに成果が出ないと、ガッカリするかもしれません。そのときは、すぐに自分に言い聞かせましょう。

成果は出ていないが、成長しているからいいんだ！
いくつかの成長を繰り返せば、きっと成果は出る！
成功の確率は明らかに上がっているんだ！

他人から仕事ぶりや能力を否定されたときの思考様式

私たちは、上司、同僚、顧客など素敵な仲間たちと仕事をしています。しかし、仕事上でうまくいかないことがあったり、失敗すると一変、彼らはあなたを批判する人たちに変わってしまいます。そうなると、それまで楽しく気持ちよく仕事をしていても、気分は一転。真っ暗な気分になってしまいます。

他人から否定されたり、批判されることに対して、自分を否定されている、バカにされていると感じたり、その批判を生み出した自分に自己嫌悪を感じてしまうといった思考様式を持っていると、一気に仕事はつまらないものに感じます。

確かに批判は、あなたの現状の能力や仕事ぶりなどに向いているのでしょう。しかし、それはあくまで「現状のあなた」の評価にしかすぎません。

人は常に変わっていくものです。

たとえば私の場合、33年前の17歳の私は、人前で話すのが大の苦手でリーダーシップなどなく、水泳、美術が大嫌いという人間でした。今の私は、人前で話をしたりリーダーシップをとることが仕事になっていて、水泳は2キロ以上泳げるようになり、出張して時間があるときは必ず美術館に通うほどの美術好きになっています。

33年前の私と現状の私、どちらが本物の私なのか？　当然、両方とも本物の私です。今の私も、1年後の私とは大きく変わっていくでしょう。

同じように、現状のあなたの能力に問題があったとしても、1年後のあなたの能力にも同じ問題があるとは限らないし、当然周囲（上司・顧客など）のあなたへの低い評価も同じではないのです。

批判されている自分は、仮の姿の自分でしかないのです。未来のあなたを全否定されているわけではないのです。

批判されることで落ち込むヒマがあるのなら、能力アップに目を向けましょう。次に評価されるだけの、新しい自分を作っていけばいいんです。批判を受け入れ日々能力アップしていけば、相手の評価は大きく変わるのです。

批判や評価なんて、コロコロ変わる、いいかげんな話。人の能力は常に変化し続ける無常なものです。今の自分は、永遠の自分ではないのです。自分は固定した存在ではなく、変化する存在ととらえ直しましょう。

他人の批判に傷ついたり、自分で自分を批判するのはやめましょう！　批判されているのは現状の自分であり、それを糧にして明日は新しい自分に生まれ変わればいいのです。

「私は毎日、瞬間瞬間、脱皮している。脱皮し続ける新しい自分を楽しもう。他人からの批判・否定は、明日の自分を否定してはいない。批判は、魅力ある新しい自分に脱皮するためのキッカケを与えてくれるもの！」

という思考様式を持ちましょう。

他人の批判、評価ばかりを気にしていては、楽しく仕事なんてできません。新しい自分に生まれ変わる喜びを感じて、仕事をする。新しい自分に出会える期待を持って、仕事をしていきましょう。

もちろん新しい自分になっても、批判され続けることもあるでしょう。そしたら、さらに新しい自分に成長していけばいいだけです。否定され、バカにされるたびに、ゾンビみたいに立ち上がって、強くなればいいのです。低評価なのは過去の自分です。

低い評価を受け続けても、成長し続ける人って格好いいものです。打たれても、打たれても立ち上がってくる映画「ロッキー」の主人公みたいに、最初から強いチャンピオンより絶対にカッコイイものです。

私たちは無常です。常に変化している存在です。批判を糧に、何度も立ち上がり、更なる大きな自分に成長し続けましょう。

とはいえ、一朝一夕に思考様式を変えるのは難しいかもしれません。そんなあなたは、毎日、自分に言い聞かせましょう。

他人の批判、評価は、自分ではコントロールできないもの。
私は無常、無限の存在。今の自分にこだわるな。
明日には違う存在に生まれ変わるのだから！
批判は、新しい自分に出会えるチャンスを提供してくれるもの。
思ってもいなかった魅力的な自分に。

UP MOTIVATION

失敗することが怖くてチャレンジがイヤになったときの思考様式

それでも何度か挫折を繰り返すと、自分に自信を失い、失敗が怖くなってきます。そして、新しい仕事や苦手な仕事にチャレンジすることがブルーになってしまう。こんなことが何度か続くと、仕事の楽しさがだんだんと失われてしまいます。

この気持ちの落ち込みを増幅するのが、

「仕事は、うまくいって当たり前。周囲にダメ人間と思われないように、失敗は絶対に許されない。恥ずかしいもの。」という思考様式です。

自信喪失になり、今の自分はダメだなと思うまでは仕方ありません。しかし、そのダメな自分を恥ずかしいとまで思ってしまうと、仕事を楽しむことは難しくなってきます。他人から「ダメな奴」と評価されることを恐れるあまり、失敗の可能性が低い、チャレンジ精神が不要で、無難なつまらない仕事ばかりをやろうとするからです。

今のあなたが、ダメ人間でもいいんです！　「周囲からダメ人間」とバカにされたことが一度もないような人は、無難なことばかりしかやってこなかった平々凡々な人にすぎません。

挫折をして、自分に自信を失っているのなら、ダメ人間であることを認めて、ダメ人間なりに精一杯生きればいいんです。自分のダメさを隠そうとして、難しい仕事を避け、本当のダメ人間になるより余程いいのです。

ダメ人間なりに、精一杯のエネルギーでチャレンジすればいいのです。

なぜなら、今ダメ人間だとしても、一生「ダメ人間」というわけではないからです。明日のあなたは、今日のあなたとは違う。挫折を契機として変わっていけばいいのです。

仕事に挫折や失敗はつきものです。失敗は確かに気分がいいものではないどころか、ひどいものになると絶望感を感じるものもあるでしょう。しかし、失敗や挫折をプラスの視点でとらえてみると、次のステップに進むための「現状の能力不足」を気付かせてくれるものです。最高の学習の場、成長のジャンプ台ともいえるのではないでしょうか？

思い通りの結果が出ないのは悔しいでしょうが、チャレンジの結果、「能力アップのために何を取り組めばいいか？」を知ることができたはずです。大きな壁にチャレンジした者だけが得ることができる「気付き」を手にしたはずです。今回の失敗は、それに気付かなかったからうまくいかなかっただけ。

「絶対に、この気付きを活かしてやるぞ！」と思えば、同じ失敗を避けることができるだけでなく、壁を乗り越えるために大きな前進を遂げているのです。大きな壁であるほど、乗り越えるための失敗、挫折は一度で済まないこともあるでしょう。それでも、落ち込む必要はないのです。

「ドンドン失敗し、挫折しよう。一歩ずつ壁のクリアに近付いているのだから。」

仕事を楽しむには、この思考様式がとても大切になるのです。

１９６０年代にＩＢＭのトップであったトム・ワトソンは、１０００万ドルの損失を出してクビに怯えるエグゼクティブに対し、次のような言葉を言っています。

「クビにする。そんなことするわけがない。１０００万ドル払って教育したばかりではないか？」

失敗は、次のステージに上がるための投資なのです。ブルーな気持ちで落ち込んでいたら、せっかくの投資をムダにしてしまうことになるのです。

「失敗や挫折をどう意味付けするか？　どう解釈するか？」という権利を私たちは持っています。

「絶望」「自分は能なしだ」というマイナス視点から意味付けすることもできるし、「成長の種」「学習の種」「チャンスの種」というプラスの視点から意味付けすることもできます。どちらの視点から意味付けをするかは私たちの自由です。

人生、長い間仕事をしていれば、いいときばかりではありません。**挫折して、絶望しているときにこそ、その失敗や挫折に対しプラス視点での意味付けを行いましょう。**

あるトップセールスマンから聞いた「失敗についての意味付け」を紹介しましょう。

営業の仕事での失敗とは、顧客から断られること。「忙しいのにいいかげんにしろ！」なんて激怒されることなども日常茶飯事。こういう厳しい対応が１００件、２００件と続くと、さすがに精神的にも凹んできます。

「顧客から断られる」という失敗に対してどう意味付けするかで、トップセールスマンとダメセールスマンの違いが出てくるというのです。

ダメセールスマンの多くは、「断られること＝自分の能力の全否定」と意味付けをしてしまう。そして自分を否定され続けることが続くと、顧客と接することに嫌気がさし、怖くなり、アポ取りや訪問件数が減ってしまい、結果も出なくなる。

逆に、トップセールスマンは、断られることに異なる意味付けをしているというのです。数多くのお客様を訪問すれば、いつまでも断りばかりが続くのではない。たとえば、1件の受注で30万儲かる企業の場合、その1件の受注を獲得するには3件の訪問が必要であり、1件訪問するには１００件の電話が必要というケースだと、「電話で断られること＝１０００円儲かる（1受注が、利益30万÷訪問件数3件÷電話件数１００件と考える）」と意味付けするというのです。だから、5件電話で断られたら、「おっ、５０００円儲かった」という感覚、「1件の受注は、３００件電話で断られることで生まれる」という感覚。失敗は成功のための必要経費と割り切って仕事をしているというのです。

こんな感覚でやっているので、断られたら、「ハイ次！　次！　次！」と、失敗を恐れずサクサク、気楽に電話していける。電話で断られる数が増えてくると、成功にだんだん近付いているようなワクワク感を感じるようになるというのです。

「失敗は許されない」という思考様式は、仕事をつまらなくしてしまいます。

野球を例に考えてみましょう。ノーアウト、ランナー1、2塁であなたは代打に出たとします。

Ⓐサインは送りバント…成功確率90％　失敗確率10％
Ⓑサインはヒッティング…成功確率30％　失敗確率70％

どちらがプレッシャーがかかるでしょうか？

多くの人は、Ⓐの簡単にできる送りバントをすることに、強いプレッシャーを感じます。失敗確率に目がいき、「成功して当たり前、失敗は許されない」という感覚に陥るからです。だから、プロでもプレッシャーに負け、簡単なバントを失敗するのです。

Ⓑは逆に失敗確率が高いので、「失敗しても当たり前。うまくいけば儲けもの」という感覚を持ってリラックスしてプレーができる。

仕事がイヤになる、苦しくなる1つの原因は**「今、置かれている状況、仕事を送りバントの状況のように失敗確率の低さに着目する」思考様式**です。

「失敗確率の低さ」に着目すると、「失敗は許されない」という感覚になり、仕事がつらくなります。 自分の仕事や、現在置かれている状況を「送りバント」のように思い込まないようにしましょう。「うまくいけば儲けもの！」くらいにとらえることで、プレッシャーと苦しさから解放されます。

滅多に失敗の起こらない失敗確率の低い仕事でも、**「10回に1回は名人でも失敗するんだ」という感覚**で行うとチャレンジングに仕事ができるはずです。

「うまくやろう！　成功しよう！」と思いすぎるから、新しい挑戦、難しい挑戦ができなくなるのです。「うまくやろう！　成功しよう！」と思うから平凡なことしかやろうとしなくなります。

画家の横尾忠則さんは次のように語っています。

「失敗を増産すればするほど前進すると思う。次第に過激になるからだ。成功を考えるとその瞬間から保守的になる。」

失敗を恐れる傾向のある人であれば、

「あえて失敗することを決意して仕事にぶつかる！」くらいの気持ちで仕事にチャレンジして丁度いいのです。

MOTIVATION UP

安定が失われ変化に直面したときの思考様式

慣れた職場で、自分の思う通り安定して業務をこなせているとき、仕事はドンドン楽しくなってきます。

しかし、残念なことに、せっかく築いたその安定を、壊す人、壊す事態に囲まれているのも現実です。

朝令暮改の上司(命令がコロコロ変わる)、新しく導入される業務システム、新商品への対応、異なる支店への転勤、給料制度や人事制度の変更、慣れない部署への異動など。これらの変化は、今まで積み上げてきたキャリア、能力、知識、人脈などを無価値にしていったり、慣れていた今の仕事の仕方を、抜本的に変えることを要求してきます。また、変化が大きいほど、それに対応するために勉強、長時間労働、多大なストレスなどの大きな努力が求められます。こんな大きな変化に出合うと、仕事の楽しさがだんだんと失われてしまいます。

この気持ちの落ち込みを増幅するのが、**「安定して仕事をしたい。安定を失いたくない。変化したくない。」という思考様式**です。人が安定を望むのは本能かもしれませんが、残念ながら今の時代、この望みをかなえてくれる組織は非常に少ないのが現実です。

「企業に何業もない。環境適応業である」というP・F・ドラッカーの言葉があるように、環境の変化に合わせて、商品を変え、顧客を変え、活動エリアを変えていかなければ、企業は生き延びてはいけません。その実現のために、社員一人ひとりに仕事の変化を要求してきます。さらに、企業を取り巻く環境は、ここ10年、ITや国際情勢の変化に伴い、その変化スピードが大いに増しています。今後そのスピードは、加速することはあっても衰えることはないでしょう。

それを考えると、会社や上司は、あなたにも仕事にも、今まで以上の「大きな変化」を高い頻度で要求してくることは間違いないでしょう。

どの組織で働いていても、今やっている仕事が、3年後にはまったく違うやり方で行われているということも現実に起こりうると思います。

変化は、来るな来るなと思っても、来るものです。逆に、安定は望んでも来ないのです。

「変化よ、来るな来るな！」と思うと、変化が来るのが恐く、つらいものになってしまいます。この時代、楽しく仕事をしていこうとするのなら、いっそのこと、こちらから

「変化よ！　ドンドン来い。
どうせ変化しなければいけないのなら、変化を要求される前に、
私の方から環境を先回りしてドンドン変化してやる！」

という思考様式を持つ必要があるのです。

今の時代、安定は幻です。絶対に得られないものを望んでしまうと、手に入れることができなかったことにガッカリして、楽しく働けなくなってしまう。だからこそ、逆に現実を見つめて、変化を望み、変化が来る前に自分から変化していくようにすれば、もう何も恐くもないし、つらくもありません。

仕事を楽しむために、変化と友達になりましょう。どうせ変化しなければいけないのなら、変化を楽しんでやりましょう！　うまく1つ変化を避けることができたとしても、次から次に、変化要求はやってくるのだから。

第5章

「ワクワク発見力」を身に付けよう!

UP MOTIVATION

仕事の中にあるワクワク感を見つけ出す

若いころ、あなたは何が好きでしたか?

あなたはどんな仕事がしたいと思っていましたか?

私は小学生のころ、ジャイアンツがとても好きで、将来はプロ野球選手になりたかったのですが、さすがに運動神経ゼロの私には難しく、中学生のころには、すっかり夢破れていました。

中学、高校に進むにつれ、音楽にとても興味が出てきて、ロックミュージシャンになりたいと思い始めました。当時、一世を風靡したＴＶのオーディション番組の、一次予選を受けに行きました(１人で行くのが恥ずかしかったので、友人のＳ君を誘って２人で歌ったことを今でも鮮明に覚えています)。当然、今、こんな仕事をしているということは、一次予選で不合格だったということ。しかし、当時の私は真剣でした。

皆さんも私と同じように、子供のころ、なりたかった夢はたくさんあるのではないでしょうか？　しかし、日本中、１億人以上いる中で、子供のころからなりたかった仕事に就けた人はどれくらいいるのでしょうか？　０・１％もいないのが現実ではないでしょうか？

「自分に合った仕事が見つからない！」

「自分の天職って何？」

よく若者がそんなことを言いながら、何度も転職を繰り返し、自分探しをしています。

たぶん、それは永遠に見つからないのではないでしょうか？

若者に限らず、ベテラン社員さんでも、

「この仕事はホントに自分がやりたい仕事なのか？　もっと自分に相応しい仕事はないのか？」

「仕事がつまらない。張り合いを感じないのはなぜか？」

と悩まれている方々が多くいます。

このような人たちの働く姿は、「つらさ」と「退屈さ」が顔に出ていて、こちらまで顔が暗くなってしまいます。

しかし、考えてみてください。たとえば、歌手になりたくて歌手になれた人は、世の中の0・01%もいないでしょう。ほとんどの人は、自分が最初にやりたい仕事、好きな仕事に就けないのが現実。ビジネスで成功している人たちも同じく、最初から好きな仕事に就職できた人はごくわずかです。

たとえばトップセールスマン。彼らは就職する前からセールスマンになりたかったのでしょうか？　たとえば飲食店チェーンの社長。彼らは子供のころから飲食店を経営したかったのでしょうか？

仕事を楽しんでいる人たちの多くは、好きで就いた仕事でないにもかかわらず、今現在行っている仕事を天職にしようと考え、

- この仕事の素晴らしさは何か？
- この仕事で周りに喜ばれよう
- もっと喜んでもらえるにはどうしたらいいだろう？
- みんなが喜んでいる顔を思い浮かべるだけで、ワクワクする。こんな仕事で成功することはなんて素晴らしいことなんだろう

と、今の仕事に「夢」「好き」「楽しさ」「感動」「喜び」を見つけることができた、人生の達人たちです。

「幸せの青い鳥＝ワクワク感」を、今の仕事の外に見つけようとするのではなく、**「自分の中、自分が現在行っている仕事の中」にワクワク感を見つけることができた達人**たちなのです。

皆さんは、いかがでしょうか？

皆さんの仕事の中にもきっと、「夢」「好き」「楽しさ」「感動」「喜び」というワクワク感がたくさんあるはずです。忙しさや苦労に忙殺されて、見失っているのかもしれません。

今から、皆さんの仕事の中にあるワクワク感を見つけ出していきましょう！

UP MOTIVATION

お金をもらわずに仕事をしている人たち

私たちは何のために働いているのでしょうか？

「そりゃ決まっているだろう。食べていくため、給料をもらうためさ」と答える方も多いと思います。

確かに、「給料」のために「人生の時間」を売っているという考え方もあるかと思います。しかし、最近では、無償で働く人たちもたくさんいるのです。

オープンソースという言葉をご存じでしょうか？

代表的なものが、「Linux《リナックス》」という名前のOS（パソコンを動作させるための基本ソフト）です。ソフトウェアのソースコード（プログラムの記述）の内容をインターネット上にオープン（公開）にすることで、世界中の不特定多数の開発者が参加して、そのソフトウェアを開発していくという方式のことです。

このオープンソースのプロジェクトに参加している人たち。彼らは、無償でこのプロジェクトに参加しています。無償だから、いいかげんな仕事をしているかというと、そうではありません。世界的大企業が行うプロジェクトを凌ぐような仕事をしているのです。

たとえば、先述したLinuxは、オープンソースとして有名なだけでなく、マイクロソフトが巨額の開発費を投入しているウィンドウズに対抗できるほどの素晴らしいソフトとしても有名です。

Linuxの開発に参加している人たちは、お金のために仕事をしているわけではありません。雇用関係に縛られているわけでもありません。

そのためか、Linuxプロジェクトは、最初のうちは周囲から冷めた目で見られていました。

「どうせ、あいつらは気まぐれで仕事をしているんだ」

「ちょっと難しいとか退屈だと思えば、投げ出すに決まってる。わざわざ苦労してまで、仕事を好きこのんでやる奴なんていないよ」

「お金をもらっているわけじゃないから、無責任に放り出すんじゃないの？」

などと、さまざまな悪口が言われていました。

しかし、結果はご存じの通り。

その批判は杞憂にすぎませんでした。

お金をもらっていなくても、雇用契約をしていなくても、Linuxの開発に参加している人たちは、気まぐれではなく自立組織的に仕事を進め、一見、退屈そうで面白くなさそうな仕事でさえも、確実にこなしていき、責任感を持って仕事に取り組んでいったのです。

「でも、そんな物好きな人は、世の中にそれほど多くはいないでしょう?」と思うかもしれません。

しかし、このLinuxプロジェクトだけで、全世界で300万人ほどが参加しているのです。これだけの人が、お金や雇用関係に縛られずに、働いています。

彼らの多くは、企業や研究機関でプログラムを作る仕事でお金を得ている人たちです。お金を得る仕事をした後に、また同じようなプログラムを作る仕事を、今度はプライベートの時間を潰して無償でやっているのです。

無償にもかかわらず、彼らは何のために働いているのでしょうか?

Linuxでいえば、「自分が作っているOSが世界を変えているワクワク感」「自分の力が、世界を変えているという充実感」「自分の仕事や能力を、一緒に仕事をしている仲間や世界中のユーザーが認めてくれているという喜び」がモチベーションになり、仕事をしているのでしょう。お金をもらわないとやらない仕事でさえも、「ワクワク感(仕事の素晴らしさ、面白さ、やりがいなど)」を見つけることができれば、無償にもかかわらず、自ら率先して行いたくなるのです。

あなたの仕事の中にも、きっとそんな「ワクワク感」はあるはずです。

私たちは、今の仕事でお金を稼げているわけですから、さらに「ワクワク」が見つかれば、オープンソースプロジェクトよりもっと「仕事を楽しくできる」と思いませんか?

次の項目では、どのように、その「ワクワク感」を見つけるか? 「ワクワク発見力」について説明していきたいと思います。

MOTIVATION UP

「ワクワク発見力」ってどんな能力？

「お金のために、仕方なく仕事をする」という義務的な感覚で仕事をしても、仕事はつまらないものと感じるだけです。「仕事をする行為そのもの」がやりたいから仕事をするという気持ちの状態になるのが理想的です。趣味なんかがそうですよね。

私の知り合いに、毎日10キロ走られる方がいます。彼に質問しました。

「毎日10キロは素晴らしいですね。でも大変ではありませんか？　私なんかお金をもらっても、難しいかもしれませんよ」

すると、彼は答えました。

「大変などころか、ホントに楽しいですよ。走ること自体が楽しいんです。理由を聞かれても困りますけどね」

まさに、こんな状態。「走ることそのものが楽しいから走っている」という状態が、まさしく「自己目的的な活動」ということです。活動そのものが目的になっているということ。**仕事を楽しくするには、「仕事を自己目的的な活動」にしていく必要があります。**

そのために、あなたには、その仕事に「取り組む価値・重要性・面白さ」を見つけ出す力が求められる。この能力こそがワクワク発見力。

「取り組む価値・重要性・面白さ」を、上司や会社から与えられるのを待つのではなく、自ら創造、発見していく力です。「ワクワク発見力」のある人は、仕事に「お金をもらう以上のやりがい」を感じることができるのです。

あなたは、なぜ、その仕事をしているのでしょうか?

お金以外に、その仕事をしている理由を考えてみてください。

「お金以外に理由なんかないよ!」と言われる方は、残念ながら仕事を楽しむことができません。しかし、本当にそう思われている方は実は非常に少数。

お金以外の「何か」の理由もあって仕事をしているんだけど、それがハッキリせず、モヤモヤしているという方が多いのです。

板金加工をされているある企業での話です。

最近の若者は仕事に対して熱意が少ないと、社長さんは不満を持たれていました。そこで、若手の社員さんに、仕事の厳しさや素晴らしさなど、いろいろ話したそうです。しかし、社員さんたちは理解してくれません。

そんなある日、社員全員で福岡ドームに野球を見に行ったそうです。

試合が始まる前に、全員でドームの中を見学しました。社長さんは、ドームの天井の建材を指差しながら、「そこにも、あそこにも、お前たちが板金した建材が使われているんだよ」と1つずつ説明をしていったそうです。

若手社員さんはそのとき、興奮しながら言ったそうです。

「僕らの仕事は、ただ金属を叩いている仕事じゃないんですね！　僕らがいなくては、福岡ドームも作れなかった。ようやく、自分たちがしている仕事の素晴らしさがわかりました。お客様の先の顔が見えました！」

その日から、彼らの仕事ぶりが一変したそうです。

こんな風に、あなたの「モヤモヤ」をハッキリさせることが、「ワクワク発見力」なのです。

UP MOTIVATION

ワクワク感の原点は他人からの感謝

私たちは、たくさんのお客様に囲まれて仕事をしています。

お客様とは、一般的には、報酬をくれる人のことをいいますよね。

だから、「お客様は誰ですか?」と質問をすると、たいていの人は、「お金を支払ってくれる人」の名前を言われます。

しかし、「ワクワク発見力」を発揮するためには、発想の転換をしてもらいたいのです。お金を与えてくれる人だけをお客様だと思わないでください。そう思うと、あなたの仕事のワクワク感は限定されてしまいます。私たちのお客様は「報酬を私たちにくれる人」のことです。ただし、報酬は、お金だけに限りません。


次のようなさまざまな報酬を与えてくれる人を、お客様だと考えてほしいのです。

- あなたに親切な対応をしてくれる人
- あなたにプライドを与えてくれる人

●あなたに直接的、間接的に尊敬や感謝の気持ちを伝えてくれる人
●あなたに喜びの気持ちを表現してくれる人

もっとわかりやすくいえば、あなたが行った仕事の結果、直接的、間接的を問わずに「喜んでくれる人」がお客様と考えてください。


たとえば、あなたが宝石屋さんの販売員である場合で考えてみましょう。

あなたが接客した中で、ダイヤの婚約指輪を買ってくださった男性がいたとします。「婚約相手に喜んでもらえる」と、幸せ感いっぱい。この男性は、当然、お客様（直接的お客様）。

では、それ以外の人で、お客様はいないのか？

直接お金をいただいたわけではありませんが、そのダイヤをプレゼントで受け取る女性もお客様と考えるべきです。プレゼントされた女性も「一生の最高の思い出」と喜んでくれるでしょうから（間接的お客様）。

また、宝石屋に勤めるサラリーマンなら、会社や社長もお客様です。ダイヤを販売し

たことで利益が生まれ、会社や社長は喜んでくれます。直属の上司も、あなたのダイヤ販売の結果が、自分の評価につながり、きっと喜んでくれるでしょう。ダイヤ販売の利益が、給料アップに反映されて、間接部門の人たちも喜んでくれるかもしれません。また、その利益は、自分の給料アップになり、あなたの家族も喜んでくれるでしょう。

そう考えると、１つの仕事には、たくさんの「お客様」がいることがわかります。あなたの仕事は、それだけの影響力があるのです。喜びを提供しているのです。

直接お金を支払ってくださるお客様だけでなく、その先の先のお客様。あなたの仕事が「喜び」を与えているすべての人たちをイメージすること。「１つの仕事で、どれだけのお客様がイメージできているか?」が「ワクワク発見力」の第一歩です。

「ワクワク発見力」の弱い人は、「自分が喜びを提供しているお客様の顔」を思い浮かべることができていません。忙しさやストレスにより、「仕事を通して、あなたが提供している喜びの輪」が見えなくなってしまっているのではないでしょうか?

ワクワク感を取り戻すために、あなたの仕事を喜んでくれているお客様を整理して考えてみましょう。

- あなたが直接サービスを提供している人（または企業）は誰ですか？
- その顧客の顧客は誰ですか？（間接的にサービスを提供している人は誰ですか？）
- あなたが仕事をすることで、社内で喜んでくれる人たちは誰ですか？
- あなたが仕事をすることで、他に喜んでくれている人は誰ですか？（家族など）
- あなたが仕事をすることで、社会の中で喜んでくれている人は誰ですか？

あなたの仕事は、それだけの人たちに影響を与えている、素晴らしい仕事なのです。

UP MOTIVATION

ワクワク感が仕事への愛情につながる

人に喜ばれた経験は「仕事への誇り＝仕事への愛情」になる

前の項目で、あなたにはどんなお客様がいるのかを整理しました。

次は、お客様にどれだけ喜んでもらっているかを具体的に整理しましょう。

まず皆さん、先ほど整理していただいたお客様の名前を見てください。

ここ3年を振り返ってもらって、各お客様に、仕事を通して喜ばれたシーンを最低10個思い出してください(できる限りたくさん書き出した方が、ワクワク感が高まります)。

たとえば、

- お年寄りのお客様から喜ばれたこと
- 商品の取り扱い方がわからずに困っていたお客様を助けて喜ばれたこと
- 製品、サービスを利用されたお客様からの喜びの声
- 目の前のお客様だけでなく、お客様がプレゼントされた方から喜ばれたこと
- その他のことで、お客様から喜ばれたこと

●上司や社長から喜ばれたこと
●他部門の同僚から喜ばれたこと
●部下から喜ばれたこと
●一緒に頑張っている外部の仲間から喜ばれたこと
●あなたの何気ない工夫で周りから喜ばれたこと

喜ばれたことを思い出すと、「なぜ、自分はこの仕事をしているのか？」が少し見えてくるのではないでしょうか？

お客様の喜びは、すべてあなたの働きによってもたらされたものです。どうです？それって、格好いいと思いませんか？　誇らしく思いませんか？　ワクワクしてきませんか？　これが仕事への愛につながるのです。

もう少し、このことについて深く考えてみましょう。そのとき喜んでくれた人たちは、あなたの仕事でどんな気持ちになったと思いますか？

●真っ暗闇だった心に、希望の光が満ちてきた
●落ち込んでいたときに、励まされて、生きる希望がわいてきた

- 久しぶりに家族と楽しい時間が過ごせて、笑顔が戻り幸福感を満喫できた
- 目標達成できたという、充実感を満喫できた

あなたの働きにより、たくさんのハッピーを生み出せたはずです。それをイメージしてください。あなたは仕事を通して、たくさんの人々をハッピーにしているのではないでしょうか？　そんなあなたの仕事、素敵だと思いませんか？

皆さんの中には、喜ばれたことを思い出したり、そのときのお客様の気持ちをイメージできない方もいるかもしれません。そんな方は、日々の仕事の中で、お客様からの喜びの声、感動の声を集める習慣をつけていきましょう。声を集めるたびに、カードや手帳にメモしていく習慣をつけていきましょう。

どんな仕事でも誰かの役に立っている

あなたの仕事は、どんな役に立っているでしょう？　いくつか事例を紹介してみましょう。

東ハトというお菓子会社があります。キャラメルコーンなどを作っている会社ですね。

その会社が絵本を出版しています。お菓子会社の仕事を絵本にしているのです。
その中でこんなことが書かれています。

お菓子作りは、ココロとおなかをいっぱいにする仕事。
仕事だけれど、仕事ではない仕事。
こどもたちへ。おにぃちゃんへ。おねぇちゃんへ。
お父さんへ。おかぁさんへ。おじぃちゃんにも。
やさしさを届けよう。驚きを届けよう。思い出を届けよう。

お菓子屋さんの仕事は、単にお菓子を作る仕事ではなく、お菓子を通して、さまざまな人に感動・喜び・ホッとした気持ち・思い出・幸福を提供していく仕事なんだ、ということだと思います。

たとえば、1つのネジを製造している職人さんの仕事。単にネジを作っていると思われるかもしれませんが、そのネジがなければロケットが飛ばないかもしれません。その職人さんの仕事は、人類の宇宙開拓に役立っているかもしれないのです。

清掃メンテナンスの会社で、レストランのトイレ掃除をしている人の仕事はどうでしょう。トイレが汚かったらどうでしょう？　お食事に来られる方々は、どんなに美味しい食事をしても、その後トイレを利用したら、すごく不味い料理を食べたような気になってしまいます。厨房がどんなにキレイでも、お店の清潔感を疑われてしまいます。トイレ掃除の担当者の仕事が「お店の信用、お客様の味の評価」に一役買っているのです。

さらに、目の前のお客様（接する顧客、上司）だけでなく、もう一歩先まで考えてみてください。彼らが接するお客様やその上司、さらに一歩先のお客様まで創造力を膨らませてください。そうすれば、あなたの仕事がどんなに役立っているか、もっと多くの気付きを得ることができるでしょう。

会社や仕事は人の役に立つために存在しています。あなたの仕事の存在理由を、もう一度、見つめ直してみましょう。

- あなたの仕事が販売だとしたら、なぜそれを売る必要があるのですか？
- あなたの仕事が製造だとしたら、なぜそれを作る必要があるのですか？
- あなたの仕事が開発だとしたら、なぜ開発をする必要があるのですか？
- あなたの仕事がサービスだとしたら、なぜそのサービスをする必要があるのですか？
- あなたの仕事が事務だとしたら、なぜその事務をする必要があるのですか？

どうしてもお客様が喜んでいる姿がイメージできない場合は、「仮に、あなたの仕事がいいかげんであったり、なくなったりするとどうか?」を考えてみてください。この方法でも、あなたの仕事がどれほど周りに役立っているかを再確認することができます。

以前、私の研修会に家庭用のゴミ回収を仕事にされているGさんが参加されていました。Gさんの仕事は、市民の皆さんが寝静まった深夜にゴミを回収する仕事。だからお客様に会ったことがないし、もちろん喜びの声など聞いたことがないと言うのです。

そんなGさんは、「ゴミ回収の仕事がなくなったらどうなるか?」と自分の仕事の価値を考えていました。

「自分達の仕事がなければ、1カ月もすればすべての家庭がゴミ屋敷になると思います。そして1年それが続ければ町中がゴミにあふれ、ネズミやゴキブリがあふれ、疫病なども流行するでしょう。また、ゴミが増えることを考えると、新しいものを買うことができず経済は崩壊するのかもしれません。私達の仕事は、人々が気付かれないように文化的で、衛生的な社会を静かに守る、バットマンのような影のヒーロー的な仕事だと思うんです。」

どんな些細な仕事でも多くの人の役に立っています。その素晴らしさを見つけ、それを仕事への愛情へと醸成できる力が、仕事を楽しくするための大事な能力の１つなのです。この力が、目の前の仕事が好きになり、目の前の仕事への愛情がわいてきて、目の前の仕事に集中できるようにさせてくれるからです。

そして、せっかくそんな素晴らしさを持った仕事なのですから、「絶対に楽しんでいこう！」「楽しむ工夫をしていこう！」という決意を固めてください。どんな仕事にも素晴らしい存在理由があります。あなたの仕事の感動、素晴らしさって何でしょう。

それを見つけるためには、自分の内面から探そうとしなければ、本当の「仕事の感動」は見つかりません。会社や上司から答えを与えられても、心から自分が納得できなければ意味がないからです。

仕事の価値を考え直すところから意識が変わり始めた私の場合

正直、私も「どうして経営コンサルタントになったんだろう。辞めて違う仕事に就こう」と思ったことが何百回もあります。

以前の私は、クライアントに業績アップをしてもらうという「数字」が、自分の仕事の価値であると考えていました。正直、そう考えると、日々、苦難がやってきました。

なかなか数字が上がらないクライアントさんがいるたびに、胃がキリキリ痛みます。

会議に出ても鬼の形相だったと思います。数字を上げなければ。なんとかしなければ…。

私は、過去、いじめで自殺しようとしたことがあるほど、すぐに「死」が目の前をかすめるタイプの人間でした。おかげで、クライアントの業績が悪くなるたびに、「もうコンサルタントは辞めよう。死んで楽になりたい」などと、すぐ考えてしまっていました（極度にマイナス思考の人間でした）。

しかし、ある日、自分の仕事の価値を考え直しました。

「数字を上げようと思うばかりに、管理を強化していくと、数字は逆に悪くなる。コンサルタントを入れて数字が悪くなるっていうのはこの現象だよな」

ふと、そう気付きました。


そこで、「自分がお客様と接して一番嬉しく思うことは何だろう」と考えてみました。

お客様の利益が上がったという数字を見ることより、私のアドバイスを聞いて、「先生、いいアイデアいただきました。さっそく、これやってみます！」と言われる社長さんのイキイキとした後ろ姿や、「会社の雰囲気が明るくなってきましたよ」と言われる社員さんたちの明るい姿が、最も自分が嬉しく感じることだと気付きました。

「自分の本当の仕事の価値って、単に利益を上げることではなく、みんながワクワクして笑顔で働く会社を作ることで、そのための1つの要素として利益アップがあるにすぎないのかもしれない。今までの自分の仕事の価値をすべて変えよう!」

そう決意しました。

「これからは、クライアント企業の社長も含めて、全社員が楽しく働ける、ワクワクするような会社作りのお手伝いをしていこう。結果、クライアント企業には絶対に利益がついてくる。そんな仕事でなければ受けない」

それが自分の価値であると思いました。


「楽しさを創造していく」という考え方を全国に広げていきたい。1人でも多くの方々にワクワクして仕事をしていただきたいと考えた途端、今までとは比べものにならないほど、仕事に活力が出てきました。そう思った瞬間から、肩の力が抜けていきました。

それ以降、ちょっとうまくいかないくらいでグズグズ悩んでいるヒマなどない、と考えるようになりました。悩むヒマがあれば、もっと「楽しさ創造力」を1人でも多くの人に広めるための行動をしていこうと思うことができるようになりました。

仕事への愛情の醸成は、その仕事の重要性と使命を一歩深く理解することから生まれるのです。

UP
MOTIVATION

仕事へのワクワク感を忘れない仕組み作り

仕事へのワクワク感を見つけることができたら、それを忘れないように工夫することが大切です。ワクワク感を発見できたとしても、何もせずにいつでも心を新鮮に保つということは、難しいからです。

残業や緊急事態など、時間に追われて仕事をするようになると、仕事のワクワク感をつい忘れてしまいます。また、お客様からの無理難題、上司からの理不尽な要求なども、私たちの心を乱していき、ワクワク感を奪っていきます。

これらは、あなたに限らず、多くの人に起こっていることです。そのようなときでも、自分で整理して見つけ出したワクワク感を忘れないようにする工夫が必要になります。

オススメなのが「マントラ」を作ること。「マントラ」などというと、宗教っぽく聞こえるかもしれませんが、そうではありません。企業でいえば、「企業理念、ミッション」というようなものです。

30文字から１００文字くらいの言葉で、先ほど整理した仕事のワクワクを「マントラ化」していきましょう。「マントラ」とは、繰り返し、「発見したワクワク」を自分に言い聞かせるため、腹に落としていくための言葉です。

ワクワクを意識化させていくためのマントラです。

作り方は簡単。先ほど、整理した自分のワクワクを、「○○に対して○○を行うことで、○○を実現するのが自分の仕事だ」とまとめるだけ。

たとえば、次のような感じです。

- ストレスで苦しんでいるビジネスマンのために、楽しく仕事をしていく工夫を開発し、それを教えていくことで、経済的な豊かさとハッピーな笑顔を増やしていくことが私の仕事だ。⬇私の場合
- 地域のサラリーマンに、安くてお腹いっぱいになる美味しい昼ご飯を食べさせることで、ハッピーな気持ちにしてリフレッシュさせ、心と体のエネルギーを満タンに補給することが私の仕事だ。⬇うどん屋さんの主人の場合

● 感動が少なくなってきた人たちに、編集した小説を通して、人間本来が持つ、涙・笑い・悲しみ・善の心・生きる喜びを思い起こしてもらうことが私の仕事だ。⬇出版社の編集者の場合

毎朝、最低1回はマントラを確認してください。そのために、毎日見る場所、よく見えるところに貼っておいてください。

たとえば、手帳・定期入れ・財布・トイレ・玄関口・スマホのトップ画面・パソコンの壁紙などです。あなたの目によくとまる場所に置くことが、あなたのモチベーションを高めていくのです。

自分のモチベーションが下がってきたときにでも目に入るように、常に、自分の仕事のワクワクを思い出せる環境を作っておきましょう。

第6章

「ゲーム化力」を身に付けよう!

UP MOTIVATION

「ゲーム化力」とは仕事を面白がる能力

子供のころ、私の友人の多くは「水泳」が大好きなようでしたが、私は大嫌いでした。どうしてあんなに苦しいことを面白がってやっているのかと、理解できませんでした。

このように、同じ経験をしても、「面白い」と感じる人と、「つらい」「退屈だ」と感じる人がいます。

しかし、人によっては、どんな体験に対しても「面白さ」を発見できる人もいます。

私の面白がり名人の友人は、知り合いが待ち合わせ時間より遅れることとさえ、その状況が楽しいと言うのです。待ち合わせによくマクドナルドを使っていたのですが、その2階の窓際に座り、人物ウォッチをしているのです。同じように待ち合わせをしているような男性。2人で会話しているカップル。さまざまな姿が窓の外で展開されており、その人物がどのように動くかが面白いというのです。

彼は、「電車の待ち時間も面白いし、病院での待ち時間も面白いし、お茶を入れるということも面白いし、世の中、面白いことがたくさん転がっている」と言います。

自分の体験や周囲で起こっていることに面白さを発見できるか、それとも、ただ退屈だ・苦痛だとしか感じないかは、仕事を楽しめるかということに大きな違いを生み出します。

面白がり上手は、「知的好奇心」や「ユーモア」を持っている人です。

知的好奇心のある人は、「知らないことを知る喜び」を知っています。何かを知った際の「エーッ」という喜びを常に探している人です。

ユーモアのある人は、「笑い」を大事にしています。「シリアスなこと」でさえ、笑いに変えて笑い飛ばそうとしている人です。

「仕事はお金をもらうためのもの。お金をもらっているのだから、真面目にコツコツやらなければ」などと考えては、仕事は面白くなりません。仕事も楽しんでいいのです。

もっとユーモアを持って面白がって、仕事に取り組んでみませんか?

「難しそうな顔をしておけば仕事になる!」なんて考えは、旧石器時代的な考え方。捨てしまいましょう。みんながニコニコして働く、楽しそうに働くことが、クリエイティビティを生んでいくのです。

仕事の中に面白さを発見する。

仕事をもっと面白がり、盛り上げる。

職場の仲間が全員参加できるゲームのように、仕事を工夫していきませんか? 「仕事をゲームのように楽しむための能力」が「ゲーム化力」なのです。

UP MOTIVATION

仕事以外のワクワク感も仕事に活かす

レジャーが盛り上がるように、我々は知恵を絞りますよね。

たとえば、温泉旅行に行くと決めたとき、「お昼はどこで食べようか？　目的地にたどり着くまでに、あの滝に寄って、そこのパン屋に寄ろう!」など、いろいろなことを考えるのは、ものすごく楽しいですよね。温泉旅行に行く当日よりも、楽しかったりしませんか？　楽しくするために知恵を絞ることって楽しいんです。

それと同じように、仕事を楽しくするために知恵を絞って工夫することも楽しいものです。

私の友人に、ベストライフ・コーチングという会社でコーチングをされている松脇さんという女性がいます。彼女は一流ビジネスマンであり、寝たきりの父親の看病、そしてお子さん、旦那さんもおり、家事も大変で、いくら時間があっても足りない中、お仕事をされていました。

彼女は、主婦で掃除をどうしてもやらなければいけません。そこで、彼女は掃除を楽しくするために工夫をしたそうです。

彼女がワクワクすることは、歌を歌うことと、いい香りに包まれること。

そこで、掃除機の後ろに香りのエッセンスを付けた布を付けて掃除をする。そうすると、掃除をするたびにいい香りが部屋中に広がります。さらに、雑巾をかけるときには、バケツの水に数滴香りのエッセンスを加えて掃除をしていきます。歌を歌いながら。

結果、単調な掃除がものすごく楽しくなっていったというのです。

彼女は、自分のワクワク感と、やらなければいけない仕事を絡めていくことで、仕事を楽しくできるように再設計したのです。

仕事に、自分の趣味、趣向などでのワクワクすることを追加して、仕事を再設計してみることも、ゲーム化の工夫の1つ。

皆さんも彼女と同じように、趣味、趣向でワクワクすることがあると思います。それを思い出してください。そのワクワクを上手に仕事につなげていく工夫をしてください。

ポイントは、自分が日ごろ楽しく感じること・ワクワクすることと「やらなければいけない仕事」の複合技にすることです。

たとえば、ダイエットのために毎日1時間散歩をする習慣を作りたいとします。

それであれば、次の例のように、「自分が好きなこと・楽しいこと」と散歩を組み合わせるという工夫をしていき、「散歩＝快の感情をもたらす行動」にしていく必要があるのです。

- 若い女性が好きな人は、綺麗な女性が通る場所を散歩コースにする
- 綺麗な景色を見るのが好きな人は、綺麗な風景が見えるところを散歩コースにする
- 音楽が好きな人は、ｉＰｏｄ（携帯デジタル音楽プレイヤー）などにお気に入りの曲を入れて、散歩しながら好きな音楽を楽しむ
- ファッションが好きな人は、格好いいスポーツシューズを履いて散歩をする

何事も工夫次第で楽しめるのです。あなたの「楽しさ創造力」が試されるのです。

あなたがワクワクすることを思い出すための質問をいくつかご紹介します。

例として私の場合の回答を載せておきますが、人それぞれ、ワクワク感は違うと思いますので、皆さんはこれを参考に、自らのワクワクについて整理してみてください。

Q　あなたはどんな行動をしているときにワクワクしますか？

(例)家族旅行をしているとき、温泉に入っているとき

Q　あなたはどんなことを聞いたときにワクワクしますか？

(例)大好きなソウルミュージックを聴いているとき、新しい気付きを得られるセミナーを聞いたとき、面白い話を聞いたとき、友人たちと楽しい会話をしたとき、かわいい女の子と話をしているとき

Q　あなたはどんなものを見たときにワクワクしますか？

(例)松嶋菜々子みたいな綺麗な女性を見たとき、紅葉などの大自然の景色を見たとき、今まで知らない情報を見つけたとき、アメリカンフットボールを見ているとき

Q あなたはどんなものを食べたり、飲んだりしたときにワクワクしますか？

（例）焼き肉やケーキを食べているとき、美味しい焼酎を飲んでいるとき

Q あなたはどんな話をするときにワクワクしますか？

（例）お客さんが真剣に自分の話を聞いてくれたとき、「こんないいこと初めて聞いた」とお客さんが喜んでくれたとき

あなたのワクワクを上手に絡ませて仕事を設計し、仕事を楽しくする工夫をしましょう。自分にご褒美を与えながら仕事をしていきましょう。

我々には、困難や苦難、苦手な仕事や退屈な仕事が、必ずやって来ます。これは、現実として受け止めていく必要があります。

逆境は、我々が拒否してもやってくるものです。それが自然の流れです。どんな人にも逆境は訪れるのです。そんなときのためにこそ「楽しさ創造力」があるのです。これを使って、仕事を楽しくしてほしいのです。いつも楽しいことばかりしか起きないのなら、「楽しさ創造力」なんか必要ないのですから…。

困難や苦手な活動に出合ったとき、こう考えてください。

「わぁー苦手だ！（大変だ！）　よし、『楽しさ創造力』の出番だ。目の前の活動（仕事）を楽しむ工夫をしよう！」

UP
MOTIVATION

自らの意思で仕事に取り組むと楽しくなる

軍隊では、上官の指示が絶対だそうです。上官の指示に対して、従わなければ軍法会議にかけられるとのこと。私には、務まりそうもありません。

「誰かの指示通りに動かなければいけない」と受け身になると、同じ仕事も楽しくなくなります。誰かに拘束され、自由を失うと、我々は急につまらなくなるのです。

たとえば、釣りが趣味の人がいたとします。その人に、「お金を払う代わりに、私の命令通りに釣りをしてくれないか」と頼むとします。

「釣りをしろ」という命令で縛った瞬間から、釣りがあまり面白くないものに変化していきます。釣りが趣味の人も、釣りが楽しくなくなる。お金までもらっているのですから、より楽しくなってもいいようなものですが、実際にはつまらなくなる。

脳が楽しさを感じるには「自主性」が大切。誰かの指示通りに強制されて行動をしても、それに楽しさを感じることは難しいのです。

仕事を楽しくするには、「誰かの命令で仕事をしている」受け身の感覚ではなく、自らの意思で取り組んでいるという主体的な感覚、「自ら選んで、その仕事をしている」という能動的感覚が大事なのです。

「やらされている」という言葉を使ってしまうと、自分が惨めになるだけです。仕事もつまらなくなるのです。ぜひ、ここで、「自分は誰の奴隷にもならない」という覚悟を決めてください。他人の奴隷になると、どんな仕事もつまらなくなるのです。

サラリーマンであれ、自営業であれ、上司やお客様に仕えていることは事実です。彼らが私たちにメシを食うお金をくれます。だからといって、お金をもらうのと交換に、奴隷になるという契約をしているのでしょうか？

そうではありません。上司や顧客も、お金を払う代わりに、あなたを奴隷にしようとは思っていません。

もし、仕事をやらされているという感覚を持っている人がいるとしたら、「自分で、自分が奴隷になること」を選択しているのです。

とはいえ、命令された仕事が嫌だからといって拒否すると、サラリーマンの場合、上司に嫌われるくらいであればいいですが、降格や降給、会社をクビになるというリスクも高まります。自営業であれば、仕事がなくなる、つまり収入がなくなることになります。

意に沿わない仕事をやって、仕事がつまらなくなることを防ぐためのポイントは何か？　それは絶対に「誰かに無理矢理仕方なくやらされている」と人や会社のせいにしないこと。この仕事を「やると決めたのは自分なんだ！」と真っ正面から受け入れることです（実際、あなたは断ることはできたのに、クビになるなどのリスクを恐れて、イヤイヤだろうが、「やる！」と自らの意志で決めたのですから）。

「やらされている」と感じて仕事をしても楽しくはなりません。自ら「やる！」と決めた仕事は、「やらされている」のではありません。「自ら選んだ仕事」として、取り組んだ方が楽しいに決まっているのです。

楽しく仕事をしていくために、自分に対する奴隷解放宣言をしましょう。

「絶対に、自分は誰の奴隷にもならない。主体的に生きるんだ！　自分がやっていることは、誰かにやらされていることではない！　自分の行動は、自分でそうすると決めたのだ！　自分で選択したのだ！」と。

UP MOTIVATION

「目標」は仕事を楽しむために不可欠な要素

「目標」があるからゲームは面白い

私は子供のころ、正月が嫌いでした。おとそを飲んだ後に、父が私たちに尋ねるのです。「お前たちの去年の目標はどうだった？　今年の目標は何だ？」と。

この感覚と似た感覚を会社に入って味わいました。月末の営業会議の場です。「月の売上目標はいくらだった？　来月の目標はいくらなの？　ホントに達成するの？」と上司から尋ねられる瞬間です。ノルマに追い立てられているような感覚。以前の私は、「目標」というと、その「ネガティブイメージ」がありました。

「目標」はノルマであり、追い立てられるものであり、苦痛を生み出すものであるという感覚。しかし、仕事をしていく上では避けては通れないもの。ある意味、仕事を苦痛にしているものの代表が「目標」でした。

しかし、あるときから「目標」に対する考え方が変わりました。それは、**「目標とは仕事を**

楽しむための最大の要素であり、達成感を自分に感じさせるためのもの」である。そう考え方が変わった瞬間から、仕事も楽しくなってきたと言っても、過言ではありません。

私たちは、「達成感」を感じたときに、大きな喜びや仕事の面白さを感じます。達成感は、目標がなければ感じることができません。チャレンジする目標が難しいほど、その達成感は大きなものになり、仕事の面白みも増していくことになります。また、達成感を何度も、何度も味わうことによって、その仕事が好きに、楽しいものになっていくのです。

面白いゲームは、「適度な達成感」を私たちに味わわせてくれます。

- 野球でライバルチームに勝ったときの達成感
- サッカーでゴールを決めたときの達成感
- TVゲームでステージをクリアしたときの達成感
- ボウリングでハイスコアを出したときの達成感

このような達成感があるから、ゲームは面白いのです。

面白いゲームには、このような達成した喜びを私たちに感じてもらうために、ある仕組みが用意されています。それが「目標」です。

- 野球は、ライバルチームに勝つという目標
- サッカーは、ゴールを決めて点数を入れるという目標
- TVゲームは、何点を上げればステージクリアできるという目標
- ボウリングは、自分の過去のハイスコアを越えるという目標

これらの目標がゲームには用意されており、そのおかげで「達成感」や「成功体験」を私たちは感じることができ、ゲームを楽しめるのです。

もし、これらのゲームに目標がなかったとした場合を想像してみてください。味も素っ気もない、つまらないものになってしまうのではないでしょうか？

「目標」を適度な難易度に設定するのがポイント

ゲームを楽しくする最大の要素が「目標」なのですが、実際には、退屈な目標や、プレッシャーだけを感じるような目標もあります。

楽しくなる目標のポイントは、**50対50の達成確率で目標設定すること**。人は、「できるか、できないかわからないギリギリの目標」が一番、楽しく感じるのです。「できるか、で

きないか」ということにチャレンジしているときが、脳内でも一番ドーパミン(快楽物質)を発生させるのです。

簡単すぎる目標、できて当たり前のことを追いかけると、人は退屈で仕方なくなります。逆に、難しすぎる目標は、私たちを自信喪失に陥れ、目標達成をあきらめて敗北感を生み出してしまいます。「達成できるか、できないか? 50対50の達成確率」での難易度調整が、「仕事を楽しくする目標作り」のポイントなのです。

あなたが得意なスポーツを思い出してください。

それがサッカーだとします。小学生相手にサッカーをして楽しいでしょうか? サッカーをしているというより、子供の世話をしているという感覚で面白くないと思います。逆に、プロとサッカーをして面白いでしょうか? 点数をドンドン入れられてしまい、あまりのレベルの違いに、勝てそうにないと感じて面白くないと思います。

一番面白いのは、自分のレベルと同じくらいの相手。点を取り、点を取られて、勝つか負けるかギリギリの状況で試合をしているときが最も楽しくなりますよね。

そんな目標を得ることができれば、仕事を楽しく創造していくことができるのです。

目標設定で最も大切なことは、上手な負荷のかけ方です。**自分と向き合い、自分の体調、感情のコンディションに合わせて、「50対50の達成確率」と感じる目標の難易度調整が重要になってくる**のです。

気分が乗っているときは、少しチャレンジングな目標設定でも大丈夫だと思います。しかし、自信喪失気味のときはどうでしょう？　そんなときは、まずは自信を植え付けるために、低い目標からチャレンジして、達成感を味わうことからスタートした方がいいでしょう。

コンディションがいいときや、得意な仕事に取り組む際は、高めの目標設定をしていきましょう。高い目標へのチャレンジは、大変な努力が必要になるものです。しかし、それを乗り越えたときの達成感も大きいもの。大きな達成感により、その仕事を自分の得意分野へとステップアップさせてくれるでしょう。

自信がない仕事、苦手な仕事に取り組むときは、最初は、「これだったら、できそうだ」というレベルのことを目標にしていきましょう。そして、少しずつ目標をレベルアップしていくのです。少しずつレベルアップした目標を達成していくことによる「達成感」を味わいましょう。達成感を何度も味わっていくことにより、その仕事がだんだん楽しくなっていくのです。苦手なものへの取り組みは、「達成感を味わうための小さな目標作り」からスタートしていくのがコツなのです。


誰のために、何のために目標を作るのか?

もちろん、自分がワクワクして仕事をするために作るのです。

誰の目も気にせず、自分の心に耳を傾け、**「努力すればなんとか達成できるし、これだったらワクワクできる」**と感じる目標を、自ら作ってください。

UP
MOTIVATION

自分で自分にご褒美をあげる習慣を身に付ける

私たちは、褒めてもらうことにより、自分がやっている仕事に価値を見いだします。自信にもつながります。

あなたの周りに、あなたを褒めてくれる人はいますか？　誰が一番、あなたを褒めてくれるでしょうか？　上手に褒めてくれる人がたくさんいれば、仕事は楽しくできます。褒めてもらえれば褒めてもらえるほど、私たちの脳内からはドーパミンが分泌されます。そうすると、もっと仕事が楽しくなるからです。

周りの仲間を積極的に、上手に褒め、ご褒美を与えることができる能力を「ご褒美創造力」と私は呼んでいます。

もしかすると、あなたの職場は、ご褒美創造力が弱い組織であったり、それが弱いリーダーしかいなかったりするかもしれません。そんなときは、職場環境にあきらめて、苦痛に耐えて仕事をするしかないのでしょうか？　もちろん、転職をするという方法もあると思います。しかし、転職した先も、ご褒美創造力の弱い会社かもしれないのです。

そんなときは、あなた自身の、ご褒美創造力をレベルアップしていくことをオススメします。上司やお客様だけに頼るわけにはいかないからです。仕事が楽しくできないのを「褒めてくれる人が周りにいないから！」と他人のせいにしても何も問題は解決しないからです。

どんな環境でも、楽しく仕事ができるようになるために、**自分で自分のことをもっと褒めてあげ、自分にご褒美を与えることのできる力を身に付けていきましょう。他人任せにせず、自分で成功体験を感じる場をもっと創造していきましょう。**

明石家さんまさんは、自分の出演しているテレビを見るのが大好きだそうです。彼は、自分のテレビを見て、「こいつは、なんて面白いことを言うんだ！」と自分を褒めているそうです。

- 番組に出演している際、会場のお客様からの笑いで成功体験を得る
- 視聴率を見て成功体験を得る
- 自分で、自分の番組の録画を見て笑うことで、成功体験を得る

彼は1つの行動で、3つの成功体験を得ているのです。仕事が楽しくて仕方がないはずです。当然、自分が大好きになるのです。

私たちも彼を見習い、もっと自分の仕事、自分のことを認めてあげて、褒めてあげてもいいと思います。

「会社は自分のことを評価してくれない」とか「上司はちっとも褒めてくれない」と暗い顔をしている人をよく見かけます。そのような人は、「褒美をくれない上司や会社」が悪いという考え方を持っているのでしょう。

しかし、楽しく仕事をしていきたいのなら、「ご褒美は他人からもらうもの」という常識を捨てましょう。

自分のことを一番褒めてくれる人、自分にご褒美をくれるのは、自分でいいのです。

自ら、誰よりも自分を褒め、ご褒美をたっぷり与える習慣を作りましょう。そのためのヒントをご紹介します。

❶自分にご褒美を与えるために、毎日自分が達成できそうな目標を自分に与え、達成感

を感じるようにしましょう。毎日が喜びであふれるように、ゲーム設定をしていきましょう。

❷達成したときに、自分が好きな何かを、自分へのご褒美として用意しましょう。お酒が好きな人であれば、ビールを晩酌に飲むのでもOK。小さなご褒美を自分に用意しましょう。

❸大きな目標にチャレンジするときは、困難なことを乗り越える必要があります。そのときは、大きなご褒美を用意しましょう。ちょっと贅沢すぎると感じてもOKです。それだけのチャレンジをあなたはしているのですから。最高のご褒美を、自分のために用意してあげましょう。

❹結果が出たときだけしか、ご褒美を与えることができないのではありません。たとえば営業マンで、10件の訪問件数で、10万円の売上目標を設定したとします。しかし、10件訪問しても、偶然その日は、機嫌が悪いお客様ばかりに出会うことだってあります。そんなときは、10件訪問ができたことを褒めてあげましょう。そうすることで、「訪問すること＝ドーパミンが生まれること＝快の感情を生む行動」という脳回路を作っていくのです。結果は、自分の努力だけではどうにもならないことが多いものです。結果だけでなく、その結果を出すためのプロセス目標が達成できたら、ご褒美を与え

てあげましょう。また、自分の能力がちょっと上がったというようなことも、褒めてあげましょう。

❺ご褒美は自分だけでなく、家族や部下、後輩など、周囲の人にも与えていきましょう。そうすれば、その人たちも、あなたにご褒美をくれるようになります。

まずは、ご褒美を言葉で与えませんか。ここでは、ご褒美となる言葉の例を紹介します。

〈結果を褒めてあげる言葉〉

- いい○○しているね。
- 君の○○は見事だね。
- 君の○○は他の人とひと味違うね。
- 君の○○はオリジナリティがあふれているね。
- ○○が目立っているね。
- ○○が輝いているね。
- こんなの初めてだよ。
- 個性が光った○○だね。

- 超一流の仕事だね。
- いいこと言うね。
- よく考えているね。
- ○○はよく工夫されているね。
- 絶好調だね。波に乗っているね。
- 君じゃなきゃ、できない仕事だ。
- 君の○○は特別だね。
- ○○は職人ワザだね。

〈能力(才能)や仕事のプロセスを褒めてあげる言葉〉

- ○○が強いね。
- ナイスチャレンジ! ナイストライ!
- ○○力があるね。
- ○○が綺麗だね。
- ○○がうまいね。
- ○○が上手だね。

- ◯◯は一流だね。
- ◯◯は天下一品だね。
- 君の◯◯は最高だね。
- 君の◯◯は光っているね。
- 君の◯◯はスゴイね。
- ◯◯は素敵だね。
- ◯◯は迫力があるね。
- ◯◯の筋がいいね。
- ◯◯の勘がいいね。
- ◯◯能力が高いね。
- ◯◯が豊富だね。
- ◯◯がわかりやすいね。
- 頭の回転がいいね。
- ◯◯の天才だね。
- 視点が面白いね。ユニークだね。

〈人格を褒めてあげる言葉〉

- ○○のお手本になるね。
- ○○の魅力があるね。
- 面倒見がいいね。
- リーダーシップがあるね。
- 一緒にいるだけで楽しいね。
- やさしいね。

〈情熱を褒めてあげる言葉〉

- ○○熱心だね。
- ○○頑張っているね。
- ○○についての根性はスゴイね。
- 君の努力には頭が下がるよ。

〈褒め言葉の感嘆詞〉

- さすが!

- なるほど！
- 素晴らしい！
- カッコイイ。
- カワイイ。
- 面白い。
- スゴイ。
- バッチリ！
- 元気がいいね！　気持ちがいい！

〈信頼感・期待を表明する言葉〉

- 頼りにしている。後は任せたよ。
- 君に任せておけば大丈夫。安心だ。
- 君と○○しているだけで勇気が出るよ。
- 君と心中する覚悟はできている。
- 任せたよ。
- 自分を信じて好きなようにしてみなよ。

- 君の将来性にかけてみたい。
- 君は頼りがいがある。
- このままいけば、○○も可能だと思うよ。

〈感謝をする言葉〉

- 一緒に○○してくれるだけで嬉しい。
- ○○さんのお陰です。
- ○○してくれて嬉しい。
- いつもありがとう。
- 助かっているよ。

もちろん、こんなテンプレートに頼らずに、ドンドン自分にも、周りの人たちにもご褒美の言葉が言えるのが理想的です。

ぜひ、そんな習慣を身に付けてください。

UP MOTIVATION

仕事をゲーム化するためのアイデアとヒント

「仕事を、1つのゲームのようにとらえて遊んでしまおう」というのがゲーム化力です。ゲーム化力は、言い換えれば「遊び化する力」ともいえます。

遊びなので、決められたパターンばかりだと面白くありません。だから、遊び化という視点から考えても、何かのテンプレートに基づいてゲーム化を考えるのではなく、自由な発想で「どうすれその仕事が楽しくなるのか?」を考えるかが大切になります。

脳トレというゲームソフトが流行しましたよね。あのゲームの内容は、本来であれば、私たちが子供のころにイヤがっていたことです。それを夢中でやっているのです。

昔、「平成教育委員会」というテレビ番組がありました。子供のころにイヤだった入試問題をベースにクイズを作り、その答えをみんなで考えていく番組でした。

退屈だな、苦手だな、イヤだなと感じていたものも、工夫次第では、楽しいものに変えることができる典型例ではないでしょうか?

ここでは、仕事をゲーム化するためのアイデアやヒントについて、いくつかご紹介しましょう。

❶タイムプレッシャーを使う(タイムトライアルゲーム)

たとえば、500部の資料を製本するという仕事があったとします。正直、面白い仕事とはいえない、退屈な仕事です。しかし、それを「20部の製本を何秒でできるか?」とゲーム化していきます。このような仕掛けをタイムプレッシャーといい、それを自分で自分に与えるのです。

そうすると、退屈な製本作業が、面白いゲームになっていきます。自分で自分にタイムプレッシャーをかけると、退屈なことでも、集中力が増し、いつの間にかそれに没頭し始めるものです。

ここで注意をしておくことが1つ。他人からタイムプレッシャーをかけられると、急にその仕事は苦痛になっていきます。代表的なものが「締め切り」。誰かが決めた締め切りというタイムプレッシャーに管理されると、締め切り前には胃がキリキリしてしまいます。

肝心なことは、自分で自分にタイムプレッシャーをかけることが、ゲーム化のポイントだということを忘れないでください。人からタイムプレッシャーをかけられる前に、自分でタイムプレッシャーを上手に利用したゲームにしていきましょう。

❷競争ゲームにチャレンジする

2つ目は、他人(他のチーム)との競争ゲームです。競争することで、やっている作業に夢中になっていきます。「仮想敵」「仮想ライバル」をつくるのです。誰かライバルを設定し、「あいつには絶対に負けない」と感じながら仕事をするだけで、仕事はゲーム化していくことができます。

❸ハイスコアゲームにチャレンジする

競争ゲームは、かなりのプレッシャーを生みます。勝てば、大きな達成感を感じることができます。大きな成功体験です。しかし、負ければ、大きな敗北感を味わうことになります。

そこで、マイナス思考気味の人にもオススメなのが、ハイスコアゲームです。人と比較するのをやめるのです。昨日までの自分と比較する。他者との競争ゲームではなく、自分のハイスコアに向けてチャレンジするゲームです。

先ほどの製本の話がなぜ、面白く夢中になるのか?

それは、常に、自分の過去の20部の製本スピードにチャレンジしているから夢中になるのです。「次の20部では新記録を出すぞ!」とハイスコアを目指して、製本に没頭する。そうすることで、仕事が面白くなるのです。

他人との比較では自分に劣等感を感じやすい人でも、過去の自分との比較では、そのような劣等感を感じることはありません。

❹苦手なものや大きなプロジェクトは、「小さな成功体験」を何度も味わえる工夫をする

ゲーム中にどれだけの「成功体験」を味わい達成感を感じることができたかが、そのゲームに夢中になれるかどうかの鍵になります。

小さな目標をいくつも用意しておき、何度も達成感を味わえる工夫をしていきましょう。

面白いゲームになるかどうかを大きく左右するのが、クリアすべき目標の難易度です。簡単すぎると退屈です。難しすぎると、チャレンジしようという意欲がわいてきません。「自分にピッタリの目標の難易度設定」が、仕事のゲーム化のポイントでもあります。

初めて取り組むものや、苦手なものであれば、目標の難易度設定を低く抑えましょう。短い期間で達成できる、充分に達成可能な目標を作るのです。

まず、最初の一歩を気持ちよく踏み出すのです。低い目標でも、達成すれば、達成感を味わうことができます。短い期間で、まず達成感を感じる。そして、次に目標を少しずつ上げていきましょう。

短い期間で、数多くの達成感、成功体験を味わうことができるように、目標設定を工夫していきましょう。

❺得意分野を作りたければ、難しいことにチャレンジする

難しいことであればあるほど、成功したときに強い達成感、喜びが生まれます。強烈な成功体験になっていきます。ドーパミンの発生量も大量になります。より大きな快楽を感じることができるのです。

難しいことにチャレンジした際に得られる達成感は、小さな達成感を感じた時より、もっと大きな「やりたい」というエネルギーを高めていきます。大きな成功体験を積むことで、その仕事に対して努力することが楽しくもなってきます。結果、その仕事は得意分野になっていくのです。

得意分野として確立したいものがあれば、あえて、「高い目標」を設定することが大きなポイントになるのです。

❻ボーナスポイントを設定する

区切りとなるような中規模の目標が達成できたら、ボーナスポイントとして、何かイベントを作ると一層盛り上がります。

ゲームで、1面クリアしたときにもらえるボーナスポイントみたいなものですね。それが1つのゲームに没頭していく際の励みになっていきます。

たとえば、１７６ページで紹介したハイスコアゲームであれば、ハイスコアを10回出すごとに、美味しいものを食べに行くなどということも1つの工夫になります。

❼サプライズを取り入れる

私たちは、単調なことを長期間続けることがなかなかできません。飽きがきたり、退屈したりするからです。もちろん、単調なことをコツコツやり続けることのできる才能を持っている人はいますが、そちらの方が希です。

仕事の多くは、単調です。だからこそ、そこに、時々サプライズを作っていくことが必要になってくるのです。

日々の仕事の中に、「周りの人が喜ぶサプライズ」「笑いが出るサプライズ」「楽しめるサプライズ」を何か作っていきましょう。イタズラでも構いません。

たとえば、部下の誕生日会をしてあげるにしても、単純に飲み会だけをするのではなく、ドッキリ企画をするのでもいいんです。たぶん、そのドッキリ企画を社内で話し合っているだけでも楽しくなるでしょうし、ドッキリ企画をして部下がビックリしてくれて、周りが盛り上がったらもっと楽しいでしょう。

学生のころのような気分に戻って、サプライズを考えてみませんか？

❽安全基地の確保

人が新しいことにチャレンジできるのは、安心して帰ることができる場所があるからです。不安感が強い人は、どんなに面白いゲームが目の前にあっても、そこに危険を感じるとチャレンジ意欲がわいてこないのです。

安全基地とは、赤ちゃんでいえば母親のような存在のこと。母親が後ろで見守っているから赤ちゃんは新しいことへのチャレンジができるのです。逆に、幼児虐待を受けた子供は、チャレンジ意欲がなくなるそうです。

私たちビジネスマンに置き換えると、安全基地とは、安定した給料・安定した雇用・上司との信頼関係などのことです。

そして、メンバーが起こした前向きの失敗を、リーダーが容認していく姿勢。ゲーム化力の話とは違いますが、ゲームの前提として、安全基地を確保していくことが重要になってくるのです。

特に管理職であれば、このことは覚えておいてください。部下の安全基地としての役割を、あなたが果たしてあげることが大事なのです。部下にとっての母親的ポジションになる。それが、チーム内のチャレンジ意欲を左右していくのです。

❾もっと楽しくしたいと、貪欲になる

仕事を面白いもの、楽しいものにするには、今の状況に満足しないことです。「もっと楽しい仕事になるはず」「もっと面白い仕事にできるはず」という際限のない欲求を持つことが大事です。

今の状況に満足すると、マンネリになってしまいます。常に、もっと面白い仕事にしていくための工夫をしていきましょう。

もし、この欲が「もっと儲けたい」「もっと利益を上げたい」という欲であると、最後に

はその欲が自分を苦しめることになってくると思うのです。

しかし、「もっと楽しい仕事にしたい」ということであれば、考えるだけで楽しいと思いませんか？

周りの人が喜ぶ姿をニヤニヤ想像しながら、「もっと面白い、もっと楽しい仕事にする」ためにアイデアを膨らましていきましょう。

日常を楽しくする作戦を考えるだけでも、日々は楽しくなっていくのです。

⑩遊び心を持ち続ける

ゲーム化力に欠かせないのは、遊び心。

今まで述べてきた話は、この「遊び心」がベースとして必要です。何でも遊びにしていた子供のころに持っていた、あの遊び心です。

仕事も遊びにしていっていいんです。もっと遊び心を発揮して、自分が夢中にできる遊びに仕事を変えていきましょう。

第7章

テキパキと仕事をこなすための頭の整理術!

UP

MOTIVATION

忙しさが仕事への楽しみを奪っていく

目の前の仕事に没頭するとは、
今やっていることに、あなたの注意力のすべてを注ぎ込めている状態
のことをいいます。

私たちの五感が集めてくる目で見て、耳で聞いて、肌で感じた情報は、数百万ビットにもなる大容量の情報です。それなのに、私たちが働かせることのできる注意力、人間の情報処理量は、1秒間に126ビットしか処理できないといわれています。
僅かしかない注意力は、私たちにとって限りのある資源。だから本来、最も重要な、今取り組んでいる仕事に集中して使っていくべきです。しかし、人間は本能的に、

❶マイナス感情が発生する出来事(例…目の前に割り込みをしてきた車への怒り)
❷マイナス感情が発生した出来事への対応(例…事故により入院した妻が今後どうなるか不安)

❸忙しさで発生する心配事(例…頼まれていたプログラム製作が間に合うか心配)

に優先的にその注意力を使ってしまう。これら3つの事態に直面すると、仕事に没頭することができない注意散漫状態に陥るのです。

❶、❷に関しては第8章の「感情のコントロール術を身に付けよう!」で触れていくので、ここでは割愛させていただきます。

この章では、❸の「忙しさで発生する心配事」を減らして、目の前の仕事に没頭できる方法に絞って考えていきましょう。

私たちは忙しくなると、プライベートの時間が奪われリラックスができなくなり、早く仕事を完成させたいと焦り、仕事に自分が追い回されているような感覚に陥ります。そのため、仕事をしている最中も次のような心配事が頭から離れなくなります。

- まだ終わっていない仕事が完了できるか焦ってくる(仕事完了への焦り)
- 次にやるべき仕事が気になる(次の仕事への切迫感)
- たくさんやることがありすぎて、やり残している仕事がないか不安になる(やり残し感)

ひどくなると、これらの心配事は仕事をしている時だけでなく、休日でリラックスしているときでさえ、頭の中に浮かんでくるようになってきます。結果、漏電のようにドンドン私たちの注意力が心配事に奪われ、目の前の仕事に注げる注意力は枯渇し、没頭できなくなっていきます。

当然、そのような状態になると仕事は楽しいわけがありません。

時間に余裕があるときは、「抱えている仕事量」が少ないので、頭の中も非常に整理できている状態です。頭の中に仕事があっても、数少ない「やるべきこと」だけが置いてある綺麗な机のような整理されている状態です。だから、「仕事完了への焦り」「次の仕事への切迫感」「やり残し感」を感じる人はあまりいません。

しかし、これが非常に忙しくなってくると、抱えている仕事量が増えてきて、あなたの頭の中は、ゴチャゴチャたくさんのものが散乱した机のような状態になるのです。

そこには、「今やる必要のないこと」「もう終わったこと」や「心配する必要のないこと」などのゴミの山も混ざっており、「今、やること」を思い出すだけでも大変な作業になります。こうなると、「仕事完了への焦り」「次の仕事への切迫感」「やり残し感」が生まれて当たり前。

これらの不安を解決するには、どんなに忙しくなっても、頭の中がスッキリ整理されている状態を保てる環境を作ることです。

現代の、知識社会の仕事は、ますます複雑になってきています。昔と違い「どこまで仕事をやれば終わりなのか？」がハッキリしなくなった上に、スピードが要求され、しかも降ってくる仕事の量は増えるばかりです。その結果、頭の中には仕事がドンドンたまっていきます。

情報化時代に生きている我々には、インターネットや本、知り合いから聞く話など、さまざまなルートから情報がドンドン入ってきます。情報は、次から次に考えないといけないこと、やらなければいけないことを増やしていきます。

たくさんの情報によって生み出された「やらないといけない仕事の大群」が、「注意力」を拡散させ、我々のパワーを落とし、ストレスフルな人生にしていくのです。

次々と降ってくる複雑な仕事、生まれてくるアイデアは、あなたのスケジュールを乱し、頭の中も混乱させていきます。「あれ、やったっけ？」「次、何だっけ？」と常に仕事に追われるストレスを生んでいくのです。そうなると、「忘れてはいけない（覚えておかなければいけない)というプレッシャー」がかかってくるのです。

「忘れてはいけないというプレッシャー」は、日々、私たちに見えないストレスを与えていきます。疲れ切った頭からはクリエイティブなアイデアは浮かんできません。

あなたの頭は、「やりかけの仕事」の数々を全部完璧に覚えることはできないでしょう。頭は何かを覚えたり、思い出したりという作業には不向きだからです。そういう作業は、頭以外の信頼できるシステムである、手帳やパソコンへの「記録」に全部任せてしまいましょう。

頭を整理するためにもタスク管理ツールを利用しよう

先日、あるクライアントにスケジュール帳やTODOリストを見せていただくと、

- 誰かとの約束
- 納期が決まっていること
- 頼まれたこと

という程度の仕事しか書いてありませんでした。

「これであなたのやるべき仕事は全部ですか？」と聞くと、「これが全部というわけではないけど…」と言われます。「それでは、他のやるべき仕事はどこに書きとめているのですか？」と聞くと、「頭の中」と答えられました。「記録」ではなく、「記憶」に頼った仕事の仕方をしているのです。

あなたの手帳・スケジュール管理ツールを見てください。あなたが気になっている仕事、思い付いた仕事、いつかやろうと考えている仕事は、何を見たらすぐにわかりますか？　そこに書かれていることで、あなたのやるべきことは全部ですか？

多くの人は、大事な人との約束、仕事などは手帳などに書き込んでいます。しかし、小さなやらなければならないこと、たとえば「スポーツジムに行く」「〇〇の本を読む」などまで手帳に書いている人は少ない。

書いていない人は、どうして忘れずに仕事をこなしていけるのでしょうか？　その理由は、手帳に書く代わりに、無意識のうちに頭の中のホワイトボート（一時的記憶領域）に、新しく発生した仕事を忘れないように書き込んでいるのです。だから、忘れずに仕事をこなせるのです。

ホワイトボードには、忙しくないとき、書かれている仕事は少ないので綺麗なものです。非常に使い勝手がいいものです。

しかし、忙しくなるとやるべき仕事がドンドンと増えていき、予定変更なども増えてきます。そうなると、綺麗であったホワイトボードも、何を書いてあるかわからないほどたくさんの仕事で埋め尽くされてくる。

忙しさもピークに近付くと、今やるべきこと、納期間近のやり残している仕事さえ見つけることも難しくなって、イライラしてきたり、やるべきことを忘れてしまうなどのミスも多発してくるのです。そして「忘れてはいけないというプレッシャー」も増えてくるようになります。

忙しい私たちは、頭のホワイトボードをTODOリストにして、手帳代わりに使ってはいけないのです！

気になっている仕事は、頭のホワイトボードに書くのはやめて、すべて手帳に書き出しましょう。「手帳さえ見れば、気になっている仕事のすべてがわかり、記憶は使わないでいい」、即ち、**記憶に頼らず記録に頼るという習慣を作るのです。**

限られた「注意力」を有効に使うために、やるべき仕事の記憶は頭以外の信頼できる仕組みに全部任せましょう。ノート、手帳、携帯、スマートフォンなどの管理ツールを上手に活用して、**「安心して仕事を忘れることができる仕組み」**にしていきましょう。

ここに面白い事実があります。

記憶力のいい人ほど「自分が忘れたことを覚えており」、逆に、記憶力の悪い人ほど「自分が忘れたことすら覚えていない」のです。

だから、記憶力のいい人ほど記憶に頼らないで記録に頼る。逆に記憶力の悪い人ほど、記録せずに自分の記憶に頼るのです。ぜひ、記憶力に頼らず、記録に頼る仕事の進め方を覚えてください。

それによって生まれる、常に頭の中がスッキリし、今やるべきこと以外を考えないでいい状態。これこそが、仕事に没頭できる環境ということになるのです。

「安心して仕事を忘れることができる仕組み」作りのポイント

❶頭の中の「仕事」「心配事」はすべて、あなたが決めた「1つの管理ツール(ノート、手帳、携帯、スマートフォンなど)」に書き出す

❷「心配事」については、それについてあなた自身でできる行動を「仕事化」する

❸それぞれの「仕事」について望むべき結果を決める

❹定期的にそれらをレビューする

これら４つのポイントをもとに、「安心して忘れることができる仕組み」をどう作るか、具体的に次の項目で紹介していきます。

UP MOTIVATION

GTDの手法で能率をアップする

「やるべきこと」のリストを作ろう

まず、すべての「やるべきこと」を書き出してください。「今日やるべきこと」、「大事なやるべきこと」などが書き込まれたリストを作っている人はいると思いますが、それだけでは不充分です。**「安心して忘れることができる仕組み」作りには、頭の中のすべてのやるべきことが書き出されていなければいけません。**

やるべきことリストには、「今抱えている不安、漠然とした悩みに対して何を行うか?」も加えておきましょう。

私たちは、自分がやれることには限界があります。にもかかわらず、心配しても仕方がないことまで取り越し苦労し、あれやこれや悩んでしまうと、ただ注意力を漏電させてしまうことになり、目の前の仕事に集中できなくなる。それら不安や、悩みを解決すべきタスクとして書き出すだけで、注意力の漏電が収まっていきます。

また、スッキリした頭を保つために、やるべきことリストは、常に最新の状態にしておきましょう。

仕事を効率よく行うGTDの6つのステップ

やるべきことリストの整理法を、デビッド・アレン氏は著書「Getting Things Done」で具体的に解説しています。この手法は、この本の名前の頭文字から、GTDと呼ばれています。GTDではやるべきことを整理するために、6つのステップを日々のルーチンワークにしていくことを提唱しています。

ステップ①「収集」

重要な仕事、近日中にやるべき仕事だけでなく、「些細な仕事」「気になっていること」「心配事」まで、頭の中にあるすべての仕事を1つの管理ツール(紙、ノート、手帳、携帯、スマートフォンなど)に書き出しましょう。このリストを「受信箱リスト」と呼びます。

受信箱リストには、「やると決めたこと」だけに限らず、「やろうかどうか迷っていること」まで1つ残らず書き出すこと。ここが最大のポイントです。そうすれば、頭に覚えておく必要はなくなるのです。忘れてはいけないというプレッシャーから解放されるのです。

ここでは手帳やノートなどの紙を管理ツールとして、受信箱リストを作成する方法を説明します（携帯やスマートフォンを管理ツールとして使う人も基本のやり方は同じ）。紙の管理ツールを使って行う場合、付箋に「仕事」「気になっていること」「心配事」を、1枚に1つという形で書き出すのがオススメです（後の「処理」、「整理」のプロセスをやりやすくするため）。

日々、新しくやるべきこと、気になったこと、新たな心配事・不安が思い付くたびに、必ず受信箱リストに仕事を記入する仕組みを作りましょう。そうなれば、すべての仕事が一旦は受信箱に記録されている状況にはなるのですが、今現在、皆さんの受信箱には何も記録されていない状況です。

そこで最初に、まずあなたにやってもらいたいことは、受信箱に、現時点で頭の中にある「やるべき仕事」「気になっていること」「心配事」をすべて書き出すことです。

一番最初に書き出す際は、1・5時間〜2時間の、誰からも邪魔されないまとまった時間を取り、自分がやるべきことを付箋に書き出すこと。「もうすべて書き終えたな」とペンが止まっても、最初に決めた時間がくるまで席を立たずに、「他に何か書き出していない仕事はないかな？」と頭を振り絞って、すべての仕事を書き出そうとすることが大切です。そこまでやると、忘れていた仕事なども思い出されてきます。

この時間が完了したころには、もう頭の中にはまったく何も残っていない！　と感じるほどスッキリする状態になると思います。その状態になれば、この作業が完了ということです。一番最初、この作業を行うことからＧＴＤはスタートします。

頭の中にある「気になっていること」「心配事」をすべて書き出すのが苦手な人もいるでしょう。そこで「頭の中をすべて書き出すためのヒントとなる質問」を用意しておきます。以下の質問に答えることで、自分のやるべき仕事を思い出すキッカケにしてください。質問に答えていきながら、頭の中にある「気になっていること」「心配事」のすべてを書き出してみましょう。また、このリストは、「自分が思い出したすべてのやるべきことに漏れがないか？」をチェックするためにも使うことができます。

以下の質問も活用しながら、頭の中のすべての「やるべきこと」を受信箱リストに書き出していってください。

〈ビジネス(仕事)〉

- 組織のビジョン、ミッションは何ですか? そのために、やらなければいけないことはありますか?
- 中期経営目標は何ですか? 今年度の目標は何ですか? この四半期の目標は何ですか? 今月の目標は何ですか? 今週の目標は何ですか? その達成のために、あなたがやらなければいけないことはありますか?
- 部門やチームの目標は何ですか? やらなければいけないことはありますか?
- 部下を育成するためにやらなければいけないことはありますか?
- 情報共有化、情報交換のためにやらなければいけないことはありますか?
- 明るいチーム作りのためにやらなければならないことはありますか?
- 現在取り組んでいるプロジェクトにはどんなものがありますか? 現在の仕事の目標は何ですか?
- 将来取り組むべきプロジェクトにはどのようなものがありますか?
- 現在、上司と約束していることは何ですか? 約束したいことは何ですか?
- 上司に尋ねること・伝えるべきこと・依頼すること・作業すること・調べること・交渉することはないですか?

- 現在、部下と約束していることは何ですか？　約束したいことは何ですか？
- 部下に尋ねること・伝えるべきこと・依頼すること・作業すること・調べること・交渉することはないですか？
- 現在、同僚や他部門の人と約束していることは何ですか？　約束したいことは何ですか？
- 現在、同僚や他部門の人に尋ねること・伝えるべきこと・依頼すること・作業すること・調べること・交渉することはないですか？
- 現在、取引先と約束していることは何ですか？　約束したいことは何ですか？
- 現在、取引先に尋ねること・伝えるべきこと・依頼すること・作業すること・調べること・交渉することはないですか？
- 仕事の環境で変えたいことはありますか？
- 書かなくてはいけないメールがありますか？
- 処理しなくてはいけない書類がありますか？
- かけなくてはいけない電話がありますか？
- 行わなくてはいけない会議はありますか？
- 会議に関して行わなくてはいけない作業がありますか？
- 誰かにアポ取りすべきことはないですか？

- 給与について心配事がありますか？　そのためにやるべきことはありますか？
- キャリアプランについて心配事がありますか？　そのためにやるべきことはありますか？
- 仕事上の直近のイベントにはどんなものがありますか？
- パソコンにどんなデータ、フォルダがありますか？　それを見て、何かやるべきことはありませんか？
- メールアドレス一覧・住所録・名刺入れ・組織図を見てください。何かやるべきことはありませんか？
- 机の上に何がありますか？　机の引き出しの中・書類入れ・本棚・ロッカーやその他、あなたが管理している箇所にはどのようなものがありますか？　それを見て何かやるべきことはありますか？
- 習得したいスキルがありますか？

〈プライベート〉

- あなたの将来の夢は何ですか？　今年度の目標は何ですか？　ここ3カ月での目標は何ですか？

- あなたが趣味でやりたいことは何ですか?
- あなたの家族の現在の心配事は何ですか?　家族のやりたいことは何ですか?
- あなたの家を隅々まで思い浮かべてください。何かしなくてはいけないことがありますか?
- あなたが健康のためにやりたいことは何ですか?
- あなたは今、プライベートで誰かと何か約束していますか?
- あなたは誰かと何かの約束をする必要がありますか?
- 今、あなたが欲しいものは何ですか?
- 家族が欲しいものは何ですか?
- プライベートの直近のイベントにはどんなものがありますか?
- 次の休みはどのように過ごしたいですか?
- 会いたい人はいませんか?
- 見たいテレビ、映画がありますか?
- 買い物に行かないといけないこと、修理しなくてはいけないものがありますか?

ステップ②「処理」

ステップ①で書き出した事柄について、2つのルールに基づき処理していきます。

１つ目が、仕分け処理のルール。ステップ①で収集したすべてのタスクを、以下の５つのリストに仕分けしていきましょう。

具体的には、書き出した仕事を、次のリストに仕分けます。

❶受信箱リスト

やるべきことを思い付いたらすぐに記入できるよう、いつも（夜寝ているとき、トイレに行くときでさえ）身に付けることができるものを使いましょう。

❷1カ月以内に処理すべきリスト（今やるリスト）

受信箱リストの中から、今やるべきことはもちろん、１カ月以内に処理すべき仕事だけを集めたリストです。毎日、チェックしていくリストになります。⬇いつも見えるところに保管。

❸いつかやるリスト

受信箱リストの中から、１カ月以内にやることではないが、いつかはやるべき仕事だけを集めたリストです。「いつかやるリスト」は、週に１回、見直しが必要です。このリストの仕事は、タイミングがくれば「１カ月以内に処理すべきリスト」に移動させる必要があるリストともいえます。⬇ いつも見えるところに保管。

❹やらないリスト

受信箱リストの中から、よく考えたら今はやることでもない仕事だけを集めたリストです。今は不要でも、ここにリストアップされている業務は、未来で何か困ったときにやるべき仕事になる可能性もあります。半年に一度くらい見直すと、今抱えている壁を乗り越えるヒントになる仕事があるはずです。⬇ 半年に一度くらい見直せばいいリストです。

❺長時間かかるプロジェクトリスト

受信箱リストの中から、長期間かけてやり遂げるようなプロジェクトだけを集めたリストです。これは仕事レベルにまで細かな粒度に分解されていないので、再度、プロジェクト達成までの仕事を細かくブレークダウン(詳細化)したものを書き出す必要があるかもしれません。⬇ いつも見えるところに保管(ブレークダウンについては212ページを参照)。

2つ目は、仕事の粒度合わせのルール。

ステップ①で書き出した仕事は1日がかりで終わるような仕事もあれば、4時間で済むような仕事もあるはずです。これを最大でも2時間で済むような粒度に、仕事をブレークダウンしていきましょう。仕事のブレークダウンのやり方については、後で詳細にご紹介していきます。

ステップ③「整理」

「1カ月以内に処理すべきリスト」にある各仕事は、次の3点について整理しましょう。

❶「その仕事は具体的にいつ行うのか?」「何時間くらいかかるのか?」を検討する

❷「その仕事は自分だけでやるべきなのか?」を検討する

「他人と協力すべき仕事なのか?」「他人に依頼すべき仕事なのか?」

「他人とやる仕事の場合、まずアポイントをいつとるか?」

❸難しい仕事、はじめてやる仕事については、「仕事の完成物」「仕事の終わりのイメージ」を検討する

整理できたら、「1カ月以内に処理すべきリスト」にある仕事を、スケジュール帳に転記してください。

ステップ④「日次レビュー」

毎日のスケジュールをレビュー（検証・見直し）していきます。

毎朝、「今日やるべきことは何か？」を必ず確認しましょう。

毎夕、「今日やるべきことはどれだけできたか？」をレビューしてください。また、帰宅前に、本日「受信箱」に記入した新たに発生した仕事を確認し、今やるリスト、いつかやるリスト、やらないリスト、長時間かかるプロジェクトリストに仕分けしてください。

ステップ⑤「実行」

ステップ④で作成した本日のスケジュールを確実に実行していきましょう。

ステップ⑥「週間レビュー」

ステップ②で作ったすべてのリストについて、週に一度、更新や見直しを行うこと。ポイントは、「リストから漏れている仕事はないか？」「記憶で管理している仕事はないか？」の確認です。週に一度、頭をスッキリさせ、頭の中のタスクリストを空っぽにしましょう。

ステップ②から⑥の作業を、継続的に繰り返す習慣にしましょう。6つの作業は、濁った水を濾過《ろか》していく行程に似ています。普段の仕事をしている中で、あなたの頭の中は「あれもやらなくちゃ、これも、それも」と、新しい仕事や、漠然とした心配事などの不純物でドンドン濁ってきます。何もしなければ、エントロピーの法則により、この水は汚水となってしまいます。この濁りを6つのステップでキレイにしていく必要があるのです。

「仕事完了への焦り」「次の仕事への切迫感」「やり残し感」から開放されるためにも、完全に仕事を忘れることができるようになりましょう。「何も覚えていなくていいんだ!」というのは、相当、気持ちがラクになります。「今」が、楽しくなってくるのです。「忘れてはいけないプレッシャー」からの開放は、想像以上に気持ちがいいものです。

結果、目の前の仕事に没頭できるようになります。仕事に追われている、時間に追われているという感覚からも開放されるはずです。

「楽しさ創造力」の1つとして、ぜひ、習慣化してください。

UP
MOTIVATION

目先の仕事に集中するための優先順位決定術

頭の中にある仕事のリストをすべて書き出すと、次に必要になってくるのが、どういう順番にこなしていくかという優先順位の付け方です。

仕事を楽しんでいる人の特徴の1つに、「やるべきことの優先順位付けが上手」なことが挙げられます。

私たちは、ムダなことに時間を費やしていると感じると、充実感が失われていきます。逆に、本当に大事なことに時間を費やしているという実感があれば、仕事が楽しくなるのです。皆さんは、どんな優先順位の基準を持っていますか？

優先順位といっても、3種類の優先順位があります。

❶戦略的優先順位
❷戦術的優先順位
❸戦闘的優先順位

忙しさに追いまくられて成果が出ない人は、この３つの優先順位をゴチャ混ぜで考えている人が多いようです。

❶戦略的優先順位

「この1年（現在のステージで）、何をやっていくか？」を考えるための優先順位のことを私は「戦略的優先順位」と呼んでいます。

目的は、「充実した一生を過ごすための、今年1年」について考えること。一生や人生という広い視野の中で、この1年間（もしくは現在のステージ）は何を重点的に行っていくかを決めるということです。

目先の仕事も大事ですが、充実した人生を過ごすには、もっと広い視点が必要です。家族とどう人生を過ごしていきたいのか？　一生を通してどんな仕事をしていきたいのか？　また、社会的活動や趣味の世界でどんな人生を過ごしていきたいのか？　どんな哲学で生きていきたいのか？

そんな自分のやりたいことをしっかり考えていく。「人生や一生とかいうスタンスの中で、何を重視していき、どんなバランスのとれた生き方をしていきたいのか？」を考えた中での優先順位基準が、充実した人生を過ごすには必要になるのです。

家庭を最も大事な基準にする人もいれば、お金が最も大事な基準の人もいます。これは、人によっても違ってきますし、同じ人でも人生のタイミングによって違ってきます(就職したての若い時期と、定年退職近くの時期では、優先順位の基準が違って当たり前です)。

自分の「人生観」、「ライフプラン(人生計画)」から考えた場合、この1年間で何を優先的に実現していくべきか? を鮮明にしていくことが、人生における重要な1年にしていくためには大切になってきます。

❷戦術的優先順位

「この3カ月(1カ月)、何をやっていくか?」と考えるための優先順位のことを、私は「戦術的優先順位」と呼んでいます。

3カ月目標ともなると、あなた自身の目標だけでなく、仲間との協働作業により発生してくる中期プロジェクト目標など、年間目標に比べて数多くの目標が発生してくるはずです。

数多くの3カ月目標の中で、どう優先順位を付けるかを考える際に役立つのが、重要性―緊急性マトリックス。あなたの「3カ月目標」を「緊急性」と「重要性」の視点において

「優先順位」を付けていきましょう。

重要性ー緊急性マトリックスで優先順位を付けるポイントは、**緊急性に振り回されないことです。**

私たちは無意識に仕事をしてしまうと、「重要性が高く、緊急性が低い仕事」は「重要性が低く、緊急性の高い仕事」より低い優先順位で取り扱ってしまいます。結果、「重要性が高く、緊急性が低い仕事」は、ドンドン後回しでやるべき時期がずれ込んでいき、最終的には時間がなかったという理由で実行されないケースになりがちです。

しかし、「重要性が高く、緊急性が低いもの」は放置しておくと、時間の経過とともに「重要性が高く、緊急性も高い」、即ち最も厄介な仕

重要性ー緊急性マトリックス

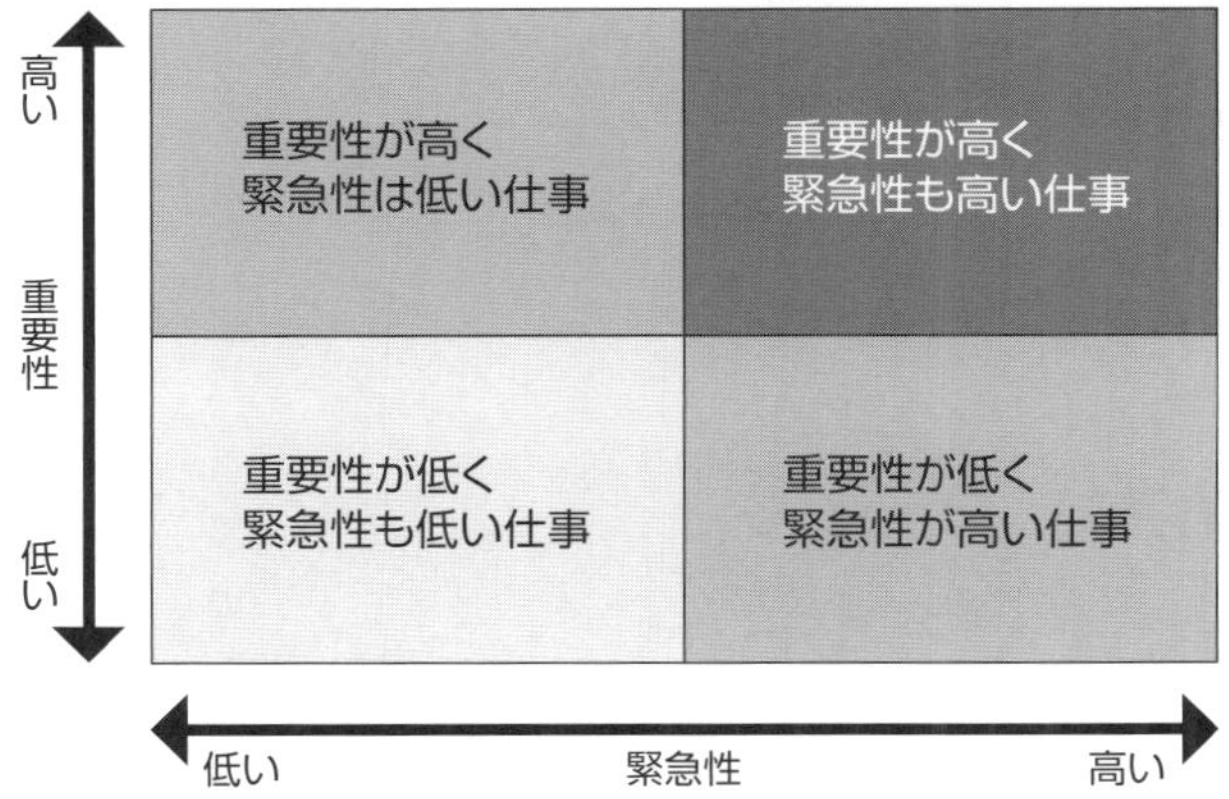

事に変質していくのです。

充実した3カ月にするには、緊急性の高い仕事に振り回されず、重要性の低いどうでもいい仕事は、あえて後回しにするという勇気が必要になってくるのです。

❸戦闘的優先順位

「1日のスケジュールを、何をどういう順番でやっていこう」と考えるための優先順位のことを私は「戦闘的優先順位」と呼んでいます。

目的は、「今日やると決めたことを効率よく完遂する」ことです。

たとえば、戦術的優先順位の高い方から順に、西地区の仕事A、東地区の仕事B、西地区の仕事Cがあったとします。戦術的優先順位にしたがってスケジューリングすると、最初に西地区へ行って仕事Aをし、次に東地区へ移動して仕事Bをし、また西地区に戻って仕事Cをする、という順序になります。当然これでは、非効率。効率を考えると、西地区の仕事AとCを片付けてから、東地区のBを片付けるべきです。

1日のスケジューリングでは、「時間効率を上げる仕事の組み合わせ」を重要視して、スケジューリングをしていくことが大事になってきます。具体的には、私は次の順番で効率を考えて、スケジュールを組んでいくことをオススメします。

①今日やる予定で、最も難しい仕事は何か？　それは朝一番の時間に処理する（頭が一番冴えているので）。

②同時にやると時間節約になる業務はないか？　次にそれを、まとめてスケジューリングする。

③納期が間近な仕事はないか？　場所が近い仕事はないか？　次にそれを、まとめてスケジューリングする。

④電話やメール、調べものはないか？　それは、午前1時間、午後1時間まとまった時間を作り、そこで行う。それ以外では行わない。

⑤ちょっとした雑用はないか？　それはスキマ時間で処理をしていく。そのために、スキマ時間に行う雑用リストを用意しておく。

優先順位の考え方も、ゴルフのクラブと同じで、状況によりどれを使うかが違ってきます。時間を充実したものにするためにも、ぜひ、３つの優先順位付けをマスターしてください。

UP MOTIVATION

段取上手になるためのブレークダウン力

「注意力」を浪費していく原因の1つは、「これから何をしようか？」と迷うこと。この迷いが注意散漫を生み出します。ウダウダ迷っている間に時間も過ぎてしまいます。

「これから、何をしようか？」と迷うのは、あなたのスケジュール帳に大きな原因があるから。1時間や2時間くらいで終わる仕事だったら、仕事が発生したときにスケジュール帳にそのまま書き込めばＯＫです。しかし、1日がかりの仕事、それ以上かかるような長期の仕事だと、仕事を細分化（ブレークダウン）しておかなければ、いざやろうとする際、「まず何から取りかかるべきか？」で悩むことになる。

たとえば、あなたが社内旅行の担当者に決まったとします。そこで、社内旅行企画をまず作るとなったら、次のように業務を分解するのではないでしょうか？

- 予算の決定
- 予算内で行ける旅行先のリストアップ
- リストアップ先を基にした社内アンケート実施

- アンケート結果に基づく社内旅行先の決定
- 旅行代理店への問い合わせ・見積もり依頼
- 見積もりをベースに旅行代理店決定

ブレークダウンの効果は、次の6つです。

❶やるべきことを細かく小目標化していくので、たくさんの達成感を味わうことができる
❷複雑で難しい仕事も単純作業に分解することによって、「できそうだ!」と自信を持って取り組むことができる
❸細分化された仕事を眺めると、業務全体が見通せるので、仕事の漏れ、二重作業がなくなる
❹「次は何をしよう?」と考えながら仕事を進めるのは効率が悪い。「後は単純作業をやるだけ」という環境を作ることで、業務に没頭できる状態を作ることができる
❺単純作業に分解することで、単純作業同士を同時処理、並行処理するなど、最も業務効率の上がる仕事の進め方、組み合わせが可能になり、業務のスピードアップを図ることができるようになる
❻他の人との共同作業の場合、作業の進め方で誤解が発生して、仕事終了後に修正が発生するケースも多い。仕事を依頼する時点で、ブレークダウンして依頼していけば、そのよう

なムダが発生するリスクが少なくなる

このような理由から、仕事が早い人は、少し大きめな仕事が発生するたびに、仕事をブレークダウンするのです。彼らは、大きな目標であればあるほど、「上手なブレークダウンこそがその達成の鍵になる」ことを知っています。

しかし、仕事が遅い人や仕事ができない人に限って、このブレークダウンするということを疎かにしたり、下手だったりします。

ブレークダウンをしない彼らの言い分は、「ブレークダウンする時間がもったいないから」。確かにブレークダウンするには、ちょっと時間がかかります。しかし、先ほど述べた6つの効果を考えれば、その時間のロスは簡単に取り戻せます。

ブレークダウンする時間を短くしようとすれば、自分なりに、「ブレークダウンの視点」「ブレークダウンのテンプレート」を作っておくと便利です。

参考までに、私のブレークダウンのステップとテンプレートをご紹介します。

❶ブレークダウンの前に、その仕事の目的と完成物のイメージを整理する

難しい仕事、はじめてやる仕事、長時間かかる仕事をブレークダウンするには、完成物のイメージ（相手があなたに求めているもの）を整理しましょう。そうすることで、仕

事の精度がグーンとアップします。

❷30分から2時間で完了するような業務サイズにブレークダウンする

ブレークダウンする業務の大きさは、30分から2時間で完了する業務サイズにします。これより短いと、たくさんの業務量になりすぎ、手帳を見るのがイヤになります。逆に、2時間以上の仕事は、仕事をやっている最中にブレークダウンが必要になります。2時間以上かかるような仕事は、全部ブレークダウンされることをオススメします。

❸記号を使って手帳に記録していく

私たちの仕事は、作業レベルでいえば、同じことの繰り返しで構成されています。その作業を手帳にイチイチ書いていくことは大変です。また、どう作業分解しようとするのかをイチイチ考えるのも面倒です。そこで、作業をテンプレート化しておきましょう。作業の頭文字を記号化しておき、それをスケジュール帳に書き入れると便利です。

参考までに、次ページで私が使っている「作業テンプレート」を紹介しておきます。ただし、職種によって作業内容は違うと思いますので、あくまで参考として、あなた自身のテンプレートを作られることをオススメします。

- Ｅｘ（Examine）…調査
- Ｈ（Hear）…聞く
- Ｉ（Inspection）…視察
- Ｏ（Operate）…作成・作業
- Ｂ（BUY）…買い物
- Ｎ（Negotiate）…交渉する
- Ｃ（Consulting）…コンサル
- Ｍ（Mail）…メール
- Ｉｎ（Inform）…伝える
- Ｒ（Request）…依頼する
- Ｄ（Do）…動機付け
- Ｋ（KAIGI）…会議
- ＭＯ（Move）…移動
- Ｔ（TEL）…電話
- Ｅ（Education）…教育
- Ｒｖ（Review）…レビュー
- Ｓ（Sales）…訪問

少し難しい仕事に取り組む際は、はじめにブレークダウンをしていき、「後はやるだけ」という目の前の仕事に没頭できる環境を作っていきましょう。

「これからどうしよう？　何をすべきなのか？」などと迷いながらやるより、はるかに集中して仕事を進めることができる。没頭して仕事ができると、仕事はグーンと楽しくなるのです。

第8章

感情のコントロール術を身に付けよう!

MOTIVATION UP

マイナスの感情に振り回されるな

シェイクスピアの言葉に、「すべての船は、穏やかな海では滑らかに進む」という言葉があります。

仕事も、順調にいっているときであれば、「楽しさ創造力」など発揮せずとも誰でも楽しむことはできます。ゴキゲンに仕事をしていくことは簡単！

しかし、海は穏やかな日の方が少ないくらい、波が立ち、荒れている日の方が多いものです。仕事も同様、順調に進む日の方が少ないもの。それどころか、大荒れの日さえあります。そんな大荒れの日があっても、仕事を楽しみ続けることができる人は、感情のコントロールが上手にできる人のみです。

毎日、あなたの身にはさまざまな出来事が起こり、怒り・悲しみ・嫉妬・不安・恐怖などのマイナス感情が荒波のように迫ってきます。

このマイナス感情という荒波を上手にコントロールできなければ、「楽しく感じる気持ち」は一気に吹っ飛んでしまいます。私たちは、いつの間にか自分の周りで発生する出来事に振り回され、それに伴って動く感情に振り回されています。

たとえば、上司から理不尽な命令を押し付けられれば、当然、怒りの感情があふれてくるでしょう。しかし、怒りで目が曇った状況に陥れば、チャンスが目の前を通りかかっても、つい見逃してしまうことも起こります。

仕事をしていると、プラスの出来事ばかりが起こるわけではありません。

上司からの理不尽とも思える要求、顧客からの無理難題、不当とも感じる評価、部下や後輩が犯したうっかりによるミスの後始末など、私たちの周りには、マイナスな出来事が頻繁に起き、そうなると順調に楽しく仕事をしていても、あなたの心は乱れていきます。怒り・不安・嫉妬・悲しみ・恐怖などの、マイナスの感情が生まれてくるのです。

これらのマイナス感情は強力です。放置しておけば、仕事を「楽しい」と思っている気持ちは一気に霧散し、暗い気持ちで満たされてしまいます。

そのマイナスな感情のパワーを恐れてか、「プラス思考」という言葉で現実から目を背け、自分の感情をごまかす人も見かけます。

たとえば、「今後、リスク対策が必要ですよね」などと言うと、「そんな『リスク』なんてマイナス発想しないでくださいよ」と目くじらを立てて反論するような人です。そんな「誤ったプラス思考」の人は、マイナス感情を必要以上に恐れるあまり、逆に自分の感情のコントロールができなくなる。

肝心なのは、マイナス感情にフタをするのではなく、「マイナスな感情を受け入れた上で、その後どうするのか?」を考えるということ。

怒りや恐怖の感情が生まれてくるのは、人間として当然のことです。人間には、必要のない感情はありません。これらのマイナス感情も、必要だから、人間には存在しているのです。マイナス感情は、ノルアドレナリンを生み出し、私たちに行動革新を促してくれるというプラスの側面もあるのです。

ただし、次の項目でも説明しますが、マイナスの感情は、取り扱いに注意が必要なだけ。ヘタな取り扱いをすると、あなたのハッピーな気持ちを立ち直りが不可能なほどにぶち壊してしまいます。

そこで、この章では、マイナス感情を上手に取り扱い、あなたの味方にする方法についてご紹介していきます。

UP MOTIVATION

恐怖心は強力な味方にもなる

あなたは、カス・ダマトという人をご存じですか?

彼は、ボクシングのマイク・タイソンをはじめ世界チャンピオンを何人も育て上げた名トレーナーです。

彼の名言に、次の言葉があります。

「恐怖心というのは人生の一番の友人であると同時に敵でもある。ちょうど火のようなものだ。火は上手に扱えば、冬には身を暖めてくれるし、腹が空いたときには料理を手助けしてくれる。暗闇では明かりにもなり、エネルギーにもなる。だが、いったんコントロールを失うと、火傷をするし、死んでしまうかもしれない。もし、恐怖心をコントロールできれば、芝生にやって来る鹿のように用心深くなることができる」

「恐怖心」をズバリ表した言葉だと思いませんか?

人間は火を上手に操ることで、ここまで進歩してきました。「恐怖心」もそれと同じく、上手に操れば力になるということです。

カス・ダマトは、ボクシングを「恐怖をコントロールするスポーツ」だと言いました。「相手から殴られるという恐怖心をいかに味方に付けて、練習時・本番のリング上のパワーに変えていくことができるか」が肉体やテクニック以上に重要になってくるのでしょうね。

しかし、恐怖心がパワーになるのは、ボクサーや格闘家だけではありません。あなたも「迫りくる恐怖」からの危機感により、行動を変えていった思い出はありませんか？たとえば、夏の水着のシーズン前になると、ダイエットに励み出す女性が多くなるのもそうですよね。「水着になったときに恥ずかしい思いをしたくない」という恐怖心からダイエットをし始める。

テスト前に急に勉強し始める学生さんなどもそうです。もしテストがなかったら、それほど勉強することもないでしょう。「テストで低い点数を取ったら、大変だ！」という恐怖心が、テスト前の猛勉強を促します。

恐怖は、上手に使えば、「楽しさ創造」の武器になるでしょう。逆に、使い方を間違えれば、恐怖はストレスとなり、仕事から楽しさを奪う最悪の凶器になってしまいます。

皆さんにも、現在、何かしら恐れているものがあると思います。

- 夢の挫折
- プロジェクトの失敗
- 上司からの叱責
- 資金繰り
- このままの仕事をしていった場合の自分の将来
- 売上目標の未達
- 同僚が先に昇進していくこと

私たちが直面している苦手な仕事の背後には、「苦手だからやりたくない」とか「失敗するかも？　失敗したらどうしよう」といったその仕事への恐怖感、不安感が存在します。そんな中、「成功を信じておけば、成功できるんだ」と誤ったプラス思考で自己洗脳しようとしても「この仕事は苦手だから、やりたくない」という気持ちを鼓舞するのは難しいです。

そんなとき、私たちに真に必要となるのは、「恐怖」から目をそらすのではなく、「恐怖」を仕事への闘争心の炎を燃やす油にすること。「恐怖」を自分のモチベーションに転換すること。「この仕事を苦手だから放っておくこと、避け続けることはできるのか？　結果、どんな逆境が発生するだろうか？　そんな状態に陥るくらいなら、苦しいけど積極的に立ち向かおう！」と恐怖心と正面から向き合い、闘争心に転換していくことが本来必要なのです。

プラス思考を誤解している人は、よく「『恐怖』を考えるとその方向に物事は進むので、『恐怖』を考えてはいけない」というようにいわれますが、これは、「恐怖について考えること」から逃げているだけです。私もやってみましたが、これは実に難しい。心配性の私など、見えているものに対して見えてないフリをすることは逆にストレスが溜まります。恐れから目をそらしていることで恐れを知らないフリをしている人は、精神的に弱い人のような気がします。

前出のカス・ダマトの考え方は、一般的なプラス思考とは逆に思えるかもしれませんが、ある意味、究極のプラス思考なのです。

「恐怖は友達じゃないか。人間は恐怖から逃れられない。恐怖心があるから人間は生存できているんだ。恐怖心は、人間の最大のモチベーションパワーだ。これを上手に利用しよう。恐怖を最大の友人として付き合おう」と言っているように思えます。正面から「恐怖心」と向き合っているのですから。

怒りや恐怖心を感じたら、まず、気持ちを落ち着けることが大事。気持ちを落ち着けるには、やはり、深呼吸に限ります。

ゆっくりと目を閉じて、鼻から息を吸い、おなかから深く呼吸をしていきましょう。そのときの姿勢は、肛門を引き上げるつもりで、へその3～5センチ下に力を入れていきましょう。そして、1分～2分、その深呼吸を繰り返しながら、「自分の息づかい」に意識を集中させていく。すると心が落ち着くはずです。怒りや恐怖からのパニックは解消されると思います。

冷静になったら、そのマイナス感情と向き合いましょう。恐怖心から目をそらしてはいけません。不安から目をそらしても、現実は変わりません。間違ったプラス思考の習慣を身に付けてはいけないのです。

「自分が現在不安に感じているものは何か？　恐れているもの、マイナス感情を生み出しているものは何か？」を直視する時間を作るのです。

ちょっと肩の力を抜き、「恐怖を楽しもう」くらいの姿勢で、その時間に臨みましょう。

不安や心配事と正直に向き合い、「今、私が恐れを感じているものは何か？」をノートに書き出していきましょう。恐れを具体化させ、ハッキリと目に見える形にするのです。そして、「その恐怖に対してこれからどう立ち向かっていくか」を整理していくのです。

具体化させないと、恐怖は実体以上に大きく見えてしまいます。巨大化した恐怖は、コントロールできなくなり、ストレスによる病の原因となります。取り越し苦労というのもその1つです。

心の中で恐怖に思っていることでも、具体的に紙に書き出すと、たいして恐怖を感じるような脅威ではないことがわかるものです。

この、恐怖心と向き合う時間は、マイナス感情が起こるたびにやれば効果的です。それに加えて、できれば週に1回、定期的に行うことがベストです。

あなたの新しい習慣に加えてみませんか？

UP MOTIVATION

物事のいい面に注意を注ぐことが大切

注意力の焦点をマイナス面に当てると

目の前で起きている出来事に対して、「注意力」のどこに焦点を当てるかで、ものの見え方が違ってきます。

たとえば、夫婦喧嘩をしている最中を想像してください。

どんなに普段アツアツのカップルでも、喧嘩で頭に血が上っているとき、頭に浮かんでくることは、「過去に相手が自分にしたみにくいこと」「いつも相手がやっているイヤな癖」ばかり。ホントにイヤな奴に見えてきます。逆に、普段見えている「自分が気に入っている部分」や「愛している部分」「相手のいいところ」などは、まったく目に入ってきません。ケンカしているときなどは、私たちの注意力が相手のイヤな部分ばかりに焦点を当てるからです。

このように、私たちは、視点をどこに置くかで、同じ物事がまったく違って見えます。

物事に遭遇したときに、「マイナス側面に焦点を当てるのか？　それともプラス側面に焦点を当てるのか？」で見えてくるものが違ってきます。視点をどこに置くかで、あなたに入ってくる情報が選択されてくるのです。

マイナス側面に焦点を当てると、問題に関する情報ばかりが見えてきます。プラス側面に焦点を当てると、チャンスに関する情報ばかりが見えてくるから不思議です。

先ほどの夫婦喧嘩が発展して、離婚に至る過程を考えてみましょう。

喧嘩をすれば相手が憎くなります。すると、「相手がいかに悪い人で、自分がどれだけ被害に遭っているのか。自分がどれだけ我慢をしてきたのか」ということを証明しようと、過去の思い出から証拠探しを始めます。

過去の夫婦生活での、相手の問題点ばかりに視点がとらわれます。そんな視点で過去を振り返るのですから、出るわ、出るわ。たくさんの問題が出てきます。

当然、そんなときは相手のいいところの情報なんか、意識に入ってきません。

そして、「もう最悪。こんな人とは一緒にいられない。離婚しよう。」という気持ちになってしまうのではないでしょうか？

これとは逆に、プラスな側面(チャンス、長所などの光の部分)に焦点を当てるのが、恋に落ちているときや結婚を決意する瞬間など。相手のいいところしか見えません。ちょっとくらい心配すること、欠点があっても、それ以上に相手のいいところを探してしまいます。昔からアバタもエクボという言葉がありますが、「おしゃべりな女性」であれば「明るくて、天真爛漫な女性」と相手を評価しますし、「無口な男性」であれば「物静かで男らしい男性」という評価になっていくのです。

結婚するときのような焦点の当て方を続けていけば、離婚などは起こらないでしょう。しかし、私たちは、マイナス感情が一度生まれてしまうと、ずっと焦点をマイナスの方に当て続けてしまいます。結果、悪いことばかりしか目に入らなくなってしまい、悪循環に陥ってしまうのです。

これは、夫婦関係に限らず、仕事でも同じです。
ビジネスではこんな話があります。
ビジネスでアフリカの奥地に入っていったA社のビジネスマンとB社のビジネスマンがいました。その国は、誰も靴を履いていませんでした。

その状況を見て、A社のビジネスマンは本社に、「この国は誰も靴を履いていないので、靴は売れません。撤退しましょう」と報告しました。

一方、B社のビジネスマンは本社に、「この国は誰も靴を履いていません。とても大きなマーケットが存在します。もっとマンパワーをかけて市場開拓をしていきましょう」と報告しました。

現代経営学の祖とも呼ばれるピーター・F・ドラッカーは、「優れた経営者は問題を飢え死にさせ、機会に餌を与える」と言っています。ビジネスを考える際も、問題に焦点を当てるか、チャンスに焦点を当てるかで、結果は違ってくるのです。

シリコンバレーの起業家たちは、失敗を楽しむメンタリティがあるそうです。彼らは、「失敗とは、前進をしたこと」というメンタリティがあるから、新しいものに積極的にチャレンジしていき、失敗しても這い上がってくるのです。

仕事がうまくいかないとき、「もうできない」と胃をキリキリと痛ませるより、「あと少しでクリアできる。もうちょっとやってみよう」と考えた方が、いいアイデアも出てくるものです。

プラスの側面に焦点を当てる方法

「どこに焦点を当てるか」は、自分で選択できます。「マイナス側面に焦点を当てるのか?」「プラス側面に焦点を当てるのか?」は、あなたの意思ひとつ。

自分の感情をコントロールして冷静になり、「今はプラス面に焦点を当てよう」と決意をするだけでいいのです。簡単なこと。難しいことはないのです。

不愉快な出来事や悪いことなどのマイナス側面ばかりに焦点を当てすぎると、いいことが起こっていることを見逃してしまいます。不幸を探していれば不幸は必ず見つかります。問題を探せば、問題は必ず見つかります。

もちろん、見つかった問題に対して対処しないということは、現実を無視しているだけだと思います。だから前の項目で述べたように、冷静になることが必要になります。

そこで、プラス側面に焦点を切り替えるための簡単な方法をご紹介します。

私たちの焦点(視点)は、「誰か」から質問されることによって初めて生まれます。だから、焦点を変えたければ、質問を変えればいいのです。

通常、私たちへのそれらの質問は、私たち自身の無意識が、知らない間に行っています。

無意識が、他の人には聞こえないほど小さな声で質問しているのです。


「本当に大丈夫かな？」

「他の人から変に思われないかな？」

「格好悪くないかな？　恥ずかしくないかな？」

「これは、やっぱマズイかな？」

「バカにされないかな？　ナメられないかな？」

「うまくいかなかったら、怒られるんじゃない？」

「もうこれ以上は、できないんじゃない？」


こんな感じで、焦点をマイナス方向に向けるように、自分で自分に質問を投げかけているのです。自分の質問でマイナスに焦点が向き、その繰り返しによる積み重ねで、マイナスな感情が醸成されているのです。

この流れを変えていく必要があるのです。

そのためには、質問をプラスの質問に変えること！

有意識を使って、質問の焦点をプラス方向に変えていき、感情をプラスにしていくことが必要なのです。「無意識」があなたに小さな声で質問する前に、「意識」の方で大きな声で質問する習慣を付けるのです。


「(有意識)そこがいいんじゃない!　(無意識)えっ、どこがいいの?」

「これってすごくない?」

「これって自分にプラスになることはない?」

「自分の能力アップにどう役立つだろう?」

「このことで、誰かの役に立っていない?」

「これって感動しない?　びっくりしない?」

「あと少しで、できるんじゃない?」

「これって、どうにか楽しめない?」


プラス側面に焦点を当てるために、自らの心の声に関心を持ち、耳を澄ましてみましょう。そして、「今の自分はマイナス側面ばかりに焦点が向いているな!」と感じたら、意識的にプラス側面に焦点を当てる質問をしていき、感情をコントロールしていきましょう。

UP MOTIVATION

プラスの言葉の力を利用する

言葉は、私たちの感情を引き起こす「引き金」になります。

昔から日本には、「言霊《ことだま》」という言葉があるように、言葉には魂が宿っているのです。暗い言葉を耳にする、口にする、目にすると、気持ちが落ち込みますし、明るい言葉を耳にすると元気が生まれます。

ある意味、私たちは言葉によって感情をプログラミングされているともいえるのです。

だから、心を明るくしてくれる言葉、行動を後押ししてくれる言葉を選んで使うことが、感情をコントロールしていくためには大切になってきます。

すでにこの章でも述べてきたように、私たちにはマイナス感情を生み出すような出来事が起こります。結果、落ち込むこともあります。悲しむこともあります。怒りに打ち震えることもあります。恐怖で身体が動かなくなることもあります。不安で眠れないこともあるでしょう。

そのような感情になったとき、自分を励ます言葉を作りましょう。

第5章でご紹介したのは、「仕事のワクワク感を思い出すためのマントラ」でしたが、ここでオススメするのは「自分の心を元気づけるためのマントラ」「マイナス感情に打ち勝つためのマントラ」を作ること。

自分を励ますための座右の銘といってもいいかもしれません。

マイナス感情が生まれたときに唱える、私たちを元気づけてくれる言葉を作りましょう。それほどたくさんの言葉は必要ありません。1つか2つの言葉でいいのです。

たとえば、私の研修の受講生の方々は、次のようなマントラを作りました。あなたに参考にできるものがあるかもしれません。

- 私は、楽しむぞ！　どんなことでも楽しむことはできるのだ！
- 「疲れた」のではない。「充実した時間」を過ごしたんだ。
- 「できない」ことはない。「やっていない」だけだ！
- 「できない」ことはない。「どうすべきか？」を真剣に考えていないだけだ！
- 私は力だ！　力の結晶だ！　何者にも打ち勝つ力の結晶だ。

- 今は閾値越えの段階。成長軌道に乗るまでのちょっとの辛抱だ。
- 本物のチャレンジとは、失笑されること。赤っ恥をかくことだ。
- 私の身の回りで起こるすべての出来事をすべて楽しむのだ！
- 「できない」のではない！　「足りない」だけ！
- 恥をかこう！　バカにされよう！　赤面するほど、恥ずかしいことが変化の証だ。
- 断られることこそ、成功に近づいている証拠！
- 苦しいのは、仕事を楽しむ工夫ができていないだけだ。
- 「変な人！」と思われることを喜ぼう！　だから印象に残るんだ！
- ふられてもいないのに、簡単にあきらめるな。
- 断られた数で、成功の数は決まるんだ。
- 怒らず、恐れず、悲しまず。
- もっとやれる、もっとできるはずだ！
- 頑張るのではない。すべてを楽しもう。
- 頭は疲れない！　徹底して脳を振り絞ろう。
- 何回か断られただけで、あきらめるな。

このような自分の決めたマントラを、マイナス感情が発生するたびに繰り返しましょう。自分で自分に行う、プラスのマインドコントロールです。

自分で作ったマントラを唱えるだけで気持ちが明るくなっていくのです。

感情のコントロールができていくのです。

毎日のこの言葉の繰り返しが、他の人との大きな差をもたらします。

まず１つのマントラでいいのです。今すぐ、自分のマントラを考えてみましょう。

私が尊敬する中村天風先生は、**「言葉により人生は破滅もするし、豊かにもなる」**と言われていました。マイナス感情を早く吹っ切るために、自分にとってプラスをもたらす言葉を選択していきましょう。

MOTIVATION UP

口癖を利用する感情のコントロール方法

口癖をプラスにすればプラスになる？

もう1つ、私たちの感情に影響をもたらすのが口癖です。口癖は、特に日ごろよく使う言葉ですから、プラスの口癖を使うと、気持ちがプラスになります。これを習慣にしようということ。

あなたの口癖はどのようなものでしょうか？　プラスの感情を生み出す口癖としては、このようなものがあります。口癖なので、どんなものが、あなたにピッタリくるかはわかりませんが、参考にしてもらい、自分の口癖を作ってみてください。

- 「最高！」「スゲェー」「グーッド」「バッチリ」「ＯＫ！」

感情をコントロールしていこうとするなら、言葉を大事に使うことです。

プラスの言葉を使っていこうという気持ちは大事なのですが、だからといってマイナス感情を生み出す言葉に過剰に反応する必要はありません。

私も、「マイナスの言葉が持つ力」については、20年くらい前から知っています。その力の大きさも知っているので、言葉に出さないように心がけてもいるのですが、それでも、つい出てしまうんですよね。マイナスの言葉は。

そんなとき、「いかん！　いかん！　マイナスの言葉を出してしまった」と、さらにマイナスの言葉を口にしながら反省します。そして、またマイナスの言葉が出てしまうと、「ダメだ、ダメだ。こんなことでは…」と、さらにもっとマイナスの言葉を口にしながら反省してしまう。笑い話のようですが、マイナスの言葉を出している自分を気にすれば気にするほど、またマイナスな言葉を自らに投げかけ、気持ちがマイナスになっていく人も多いのです。

マイナスな言葉はダメだということで、心の声（マイナスの声）を押し殺そうとする。心の声を無理やり押し殺し続けると、それが、あるときに爆発する。そのときから心が病んでしまい、心が破綻してしまうのではないでしょうか？

前にも述べたように、人間の感情に不要なものはないのです。言葉も同じ。不要なものはありません。「マイナスの言葉」も必要から生まれてきたのではないでしょうか？

どんなに素晴らしいことにもプラスの側面とマイナスの側面があります。

「プラスの言葉」にも、先ほど紹介したプラスの側面だけでなく、逆に「現実から逃避」

をさせてしまうというマイナスの側面もあります。マイナスの情報が耳に入ってこない状況を生み出してしまいます。

逆に「マイナスの言葉」にも、マイナスの側面だけでなく、「恐怖や不安の感情は、それから逃げるため、戦うために強烈なパワー」を生むというプラスの側面があります。「コンプレックス」を直視していくことから、新たな何かが生まれてくることも多いものです。芸術などは、そのようなコンプレックスから生まれているものも多いですよね。

マイナスをプラスに変える魔法の言葉「でも」

「マイナスの言葉を使うな！」を気にしすぎると、それ自体がマイナス思考を生み出します。だから、マイナス思考の多い私のオススメは、魔法の言葉「でも」を使うこと。

「でも」は、一般的には、「でも、そんなに甘くないよね」とか「でも、仕事に我慢はつきものだよね」というように、言い訳をするときに使う言葉だと考えられています。だから、子供にも『でも』って言うな」と躾をされている人もいるかもしれません。

しかし、この「でも」も素晴らしい使い道があるのです。

マイナスの言葉を使った後に、「でも」を使うのです。

マイナスの言葉は使ってもいいと思うのです。マイナスの言葉を使った後は、「でも」

の後にプラスの言葉を加えて、締めることが大事ではないでしょうか？

「このままいけば、大変なことになるかもしれない」というマイナスの言葉が自分の口から出たら、こう続けるのです。

- でも、何とかなる
- でも、できる
- でも、絶対乗り越えることができる！
- でも、きっとやれるはず！
- でも、夢は必ず実現する
- でも、チャンスは必ず訪れる

「マイナスの言葉を使うな！」ではなく、**『マイナスの言葉は使ってもいい。ただし、使った後は「でも ＋ プラスの言葉で締めろ！」』**


これでいいんじゃないでしょうか？　これだったら、できる気がしませんか？

自分のマイナスの感情も吐き出すことができ、さらに最後に気持ちが、グーンと前向きになりますからね。マイナスの言葉に過敏になるより、「最後にプラスの言葉で締めること」に注意を払った方が生産的なのです。

UP
MOTIVATION

気持ちを元気にする身体の動かし方

私たちの感情は何から生まれるのでしょう。

答えは、「身体」と「言葉」。

気持ちがブルーになっていくと、まず、反応するのが身体。顔がまずこわばってきます。目がつり上がっていき、難しい顔、悲しい顔になってきます。声も小さくなってきます。肩が落ちてきて、背中も丸くなってきます。身体が硬くなってきます。そんなマイナスな身体の反応は、相手にもマイナスな感情を生み出すことにつながります。相手から暗そうな顔やイヤそうな顔をされると、私たちもそのマイナスな感情が伝染するのです。

マイナスな感情は、マイナスな身体の反応（マイナス感情の伝染）を生み出し、それが他人にもマイナス感情を生み出すという悪循環が生まれるのです。

逆に、気持ちがハッピーに明るくなると、どうなるでしょう。

顔が笑顔になってきます。口元が上がってきます。声も元気にハリが出てきます。背筋が伸びてきます。身体がリラックスしてきます。そんなプラスな身体の反応は、相手にプラス感情を生み出すことになります。ニッコリ笑顔で微笑まれたり、元気な声で挨拶をされるとあなたはどう思います?

きっと、その人にプラスな感情を持ちますよね。プラスな感情は、プラスな身体の反応(プラス感情の伝染)を生み出し、それが他人にもプラス感情を生み出すという善循環が生まれるのです。

できる人を見て、我々が「あの人は仕事を楽しそうにしているな」と感じるのは、彼らの身体の動きを見てそう感じるのです。楽しそうで、元気で、明るい身体の動き、表情、声のトーンを感じて、私たちは「あの人は、楽しそうに働いているな」と感じるのです。

そのような例を考えると、感情が生まれる(原因)と、身体が反応する(結果)という関係に感じるかもしれません。

しかし、この関係は、実は、逆でもあるのです。身体が反応する(原因)と、感情が生まれる(結果)という関係でもあるのです。

たとえば、ニコニコと笑顔を作りながら、スキップしてください。そのときにブルーな感情を持つことは難しいのです（やってみるとすぐにわかります）。

逆に、暗い顔をしながら、背筋を丸めて、明るいことを考えることも難しいものです。

イヤだな、苦手だな、怒り・悲しみ・妬み・悲観などのマイナス感情が出てきたら、まず、身体をコントロールすること。身体をコントロールすることが、感情をコントロールすることにつながるのです。

私は、プラスな気持ちになると、笑う・大きな笑い声を上げる・軽やかに歩く・背筋をピンと伸ばす・身体をリラックスさせる・へその下に力を入れる、というように身体をコントロールします。

あなたも、プラスの感情のとき、ご機嫌なときの自分の身体の動きを確認し、それを客観的に覚えてください。そして、マイナスの感情になったら、無理にでもそのときと同じ動きをしてみる。それだけで、マイナスの感情は消えていくことになります。

身体のコントロールは、感情のコントロールより簡単にできます。トレーニングをしていけば、簡単に習慣化できます。ぜひ、チャレンジしてください。

第9章

高速学習術をマスターしよう!

UP
MOTIVATION

チャンスをつかむには勉強する習慣が大切

やりたい仕事を手にするには「選ばれる」必要がある

好きな仕事、憧れている仕事に就ける人はあまりいません。子供のころ、プロ野球選手になりたいと思った人は多いと思います。私もそうでした。しかし、プロ野球選手になれた人は、野球をやっていた子供の中でごくわずか。才能にもよるとは思いますが、それでも、寝る時間も惜しんで、野球を一生懸命練習した人だけが、プロ野球チームからドラフトで選択されるのです。

私たちは、常に誰かに選ばれることで生きています。学生のころからそうでした。たとえば、好きな高校に入れた人は、学校の授業だけでなく自宅でもきちんと勉強し、「入学試験」によって高校から「選択された」人でしょう。就職にしても、大学や高校での勉強だけではなく、しっかりと準備ができた人のみ、希望する会社から「選択されて」入社できたはず。しかも、就職して企業の中に入っても、「選択される」ことはなくなりません。

実は、私たちの目の前には、常にチャンス（より好きな仕事、楽しく感じることができる仕事）は流れています。独立できるチャンス、昇進、新規事業部の職種、海外支店の仕事、以前から希望していた部署の仕事など、目の前に流れてくるチャンスは、さまざまあるはずです。しかし、そのようなチャンスがあっても、チャンスをつかめる人とそうでない人が出てきます。チャンスをつかめるかどうかは、**「チャンスを与えてくれる人があなたを選んでくれるか？」**にかかってくるのです。

もし、あなたが課長になりたいとしたら、上司や会社から選ばれる必要があります。独立して、あなたが社長になってもそう。好きな仕事をやろうとすれば、お客様から選ばれることが必要になります。

「今の仕事は、自分が一番望んでいる仕事や会社ではなかった」というのなら、それは、「あなたの準備不足」により、チャンスを与えてくれる人から選択されなかっただけ。

私たちは、「選ばれること」から逃げることはできません。永遠に選択され続けるのです。

チャンスに備えて「準備の人生＝オフタイムの学習」をしっかりと！

私たちが希望する仕事に就くには、「選ばれる」ことが条件になってきます。これは、民間企業でも、公的な機関でも同じです。

では、選ばれるには、どうすればいいのでしょうか？

常に、望むチャンス獲得に向けての能力開発をしていくこと。それ以外にありません。

ある友人が「私は一生懸命に仕事をしている。だけど、なかなか昇進させてくれない」と愚痴っているのを聞いたことがあります。この理屈は正しいのでしょうか？

私は、正しくないと思うのです。

一生懸命働くのは、ある意味、給料をもらっているのだから当たり前。選ばれるためには、「自分が勝ち取りたい仕事に対しての先行投資」が必要になるのです。

たとえば、ニューヨーク支店に転勤できれば、もっと仕事が楽しくなるぞと思っている銀行マンのA君。

A君は、日常のお客様営業を一生懸命にやっている。しかし、それだけでは、たぶんニューヨーク支店転勤の辞令はないでしょう。営業の仕事を懸命にするのは、給料をもらっているのだから当たり前。「オフタイムを利用して、どれだけビジネスで使える英会話をマスターしているのか」という条件をクリアしていなければ、ニューヨーク転勤の辞令をもらうことはできないでしょう。

私は、新人のときに「本番の人生」と「準備の人生」という言葉を教わりました。「本番の

「人生」とは、会社の中で働いている時間（勤務時間）のこと。「準備の人生」とは、オフタイムの時間ということです。

このオフタイムの時間の使い方、学習の仕方で、未来の本番の人生が違ってくるのです。やりたい仕事ができるチャンスが現れても、あなたが手を挙げたときに選ばれるかは、どれだけしっかり準備ができたかによって決まってくるのです。

仕事を楽しくしていくには、「本番の人生」と「準備の人生」のバランスをとることが大事になります。いくら「今の本番の人生」を一生懸命に生きていても、「未来の本番の人生」で望むような仕事を選べるとは限りません。

チャンスがめぐってきたときに備え、しっかりと、学習に時間を投資して準備をしておくことが、「未来の本番の人生」を望む形にするためには必要なのです。未来への先行投資をしていき、「選ばれる存在」になるための準備をしておくことが大事です。

しかし、せっかくの僅かなオフタイムの時間。学習ばかりでは、疲弊して、仕事へのエネルギーがわいてきません。多くの方は「できる限り短い時間で結果が出る学習をして、たっぷりのオフの時間を楽しみたい」と思っているはず。

そこで、この章では「短時間ですぐに成果の出る高速学習術」をご紹介していきます。

UP MOTIVATION

社会で通用する勉強法を身に付ける

平成23年度に総務省により実施された「社会生活基本調査」によると、英会話を何らかの形で学んでいる人が約1089万人もいるそうです。このデータを見て、そんなに英会話を学んでいる人がいたのかと驚きました。

しかし、その中で本当にビジネスで通用できるほどの英会話をマスターしている人は、どれくらいいるのでしょうか？

梅田望夫さんは、著書「ウェブ進化論―本当の大変化はこれから始まる」（筑摩書房）の中で、「知の高速道路」という例えを紹介しています。現代社会では、ある程度の知識を効率よく学ぶことが可能なさまざまなツール・インフラ、即ち「知の高速道路」が整っているというのです。そのため、富士山で例えて言えば、5合目までは誰でも車でたどり着くことができる。しかし、「誰でもできる」ことは、周囲からは評価されません。5合目からどれだけ先に登れたかが評価対象となるので、5合目からが勝負なのです。

よく「資格を取ればなんとかなる」と考えている人がいます。これも大きな勘違い。資格を取るための学習ツールは、テキスト・受験講座・問題集など、さまざまなものがあります。資格はある意味、時間とお金の投資ができる人であれば、誰でも取得できるものになったのです。いわゆる、車で富士山の5合目に登っただけ。

車で通れない、その先の「けもの道」をどれだけ歩いていくかが、プロフェッショナルとしての評価になるのです。そこには、教科書も、○○講座も、○○問題集もありません。5合目からどれだけ先に登ったのかだけを市場は評価する時代になったのです。その代表例が弁護士の世界。今や弁護士資格を持っていても、食べるのに困る人がたくさんいる状況になっています。

英会話で考えると、アメリカやイギリスの小学生が話しているレベルの英会話を身に付けるまでの高速道路はできあがっていると思います。しかし、そのレベルでは外国で仕事はできないでしょう。逆を考えてみてください。アメリカ人が小学校4年生レベルの日本語しか話せなくて、日本で仕事ができるでしょうか?

大人レベルの日本語能力にプラスして、業界用語が駆使できなければ、日本で仕事はできないでしょう。英会話も同じ。ほとんどの人は、ビジネスで使えるまでの英語力に達する前の、5合目でやめてしまっています。

5合目から先に登ろうとすれば、学校で学んだような勉強法とは違う、社会に出てからの勉強法をマスターしていく必要があるのです。高速道路の通っていない先を進んでいくには、答えのない、教科書のない学習術を覚えていく必要があるのです。

次項目から、5合目から先に行くための、効果の高くて即効性のある、ビジネスで役立つ「高速学習術」をご紹介していきます。

UP
MOTIVATION

「身近なできる人」をモデリングする

モデリングは脳の構造を最大限に活かした学習法

仕事を楽しくするためには、効果的な勉強は欠かせません。勉強して結果がすぐ出ると、もっと勉強をしたくなるのですが、逆に、すぐに結果が出ないと、学習へのモチベーションがグーンと下がってきます。

本を読むことで学べることが多いのも事実ですが、私たちにはもっと身近に、簡単かつ効率的に学ぶことができる方法（けもの道を登っていく方法）があります。

それは、あなたが日々接している「身近なできる人」をマネすることです。これを「モデリング」といいます。日本の伝統職人芸などは、この学習法のみで技の伝承を行っています。モデリングは最も効果のある学習法の1つですが、実際に行っている人は少ない。

あなたの仕事には、さまざまな結果が要求されているはず。すべての結果において、あなたが一番優れているというわけではないでしょう。自分より結果を出している「身近なできる人」が1人はいると思います。

さて、その結果の違いは、何から生まれているのでしょうか？

モデリングとは、その「違いを生み出している要素」を発見する、観察してマネしていくという学習方法なのです。

本などで学習するより「身近なできる人」の方が、私たちがすぐに仕事で実績を上げることができるノウハウや技術を持っています。それを盗んでいった方が即効性は高いのです。


しかし、モデリングを実際に学習に取り入れている人が少ないのはなぜか？

遠い存在である、本の著者などには尊敬の念を感じても、近い存在の「身近なできる人」には尊敬の念を感じにくいから。身近すぎるために、むしろライバル心や妬みを感じて、素直に「身近なできる人」から学ぶことが難しいからです。

関係が近ければ近いほど、モデリングをする際の心理的ハードルが高いものです。たとえば、最も身近な存在である両親。私たちが学ぶべき素晴らしい点がたくさんあるはずなのですが、ほとんどの人は、それを学ぼうとはしません。素直さを欠き、気恥ずかしさなどを感じて、研究すらしようとしないのです。

そのような背景もあり、モデリングは効果的な手法であるものの、実際に、真剣にそれをやっている人は、職人の道に入った人以外はあまり見かけません（職人芸の世界は、この学習法がすべてです）。

モデリングの学習効果は、科学的にも証明されています。

モデリングのポイントはシンプル。できる人の動作をじっくり、何度も観察していくこと。それにより、脳のミラーニューロン機能を働かせることになります。人間の脳には、前頭葉という、おでこの後ろあたりに「ミラーニューロン」と呼ばれる一群のニューロン（神経細胞）があります。この働きにより、観察しただけで、私たちは他者の行動を「自分も同じようにやっている」という追体験ができるのです。観察するだけで、心の中でロールプレイング（役割を演じることで気付きを促す学習法）しているのと同じということです。何度も何度も観察するだけで、繰り返しのロールプレイング・トレーニングをやっているのと同じ効果を得ることができるのです。

たとえば、タッチタイピング（パソコンのキーボードを見ずにキー入力をしていく方法）が上手な人の姿を、しっかりと後ろから観察することを繰り返していけば、タッチタイピングができない人も上達したりするのです。これは、「できる人」の観察をしていくことにより、頭の中で、指を動かすイメージ・トレーニングが行われ、指を動かすための神経が増強されるからだとされています。親がパソコンをしているのをジッと毎日見ていた小さな子供にパソコンをやらせてみたら、いきなりキーを打てるようになっていた、というようなことは、このミラーニューロン機能のお陰なのです。

モデリング(モノマネをする)とは、このような脳のミラーニューロン機能をフルに利用していこうとすること。非常に効率がいい学習法なのです。

具体的に何をモデリングするべきか?

では、「身近なできる人」から何をモデリング、観察していけばいいのでしょうか?

「身近なできる人」に着目すべき点は次の4つです。しっかり、観察していきましょう。

❶視点

彼は、何に着目しているのか? どの角度からものを見ているのか?

❷発言

彼はどのような場面で、どんな言葉を使っているのか？　どのようなトーンでその発言を行っているのか？

❸動き

彼はどのような身体の使い方を行っているのか？　どんな道具を使っているのか？どのようなリズムでその動きを行っているのか？

❹行動パターン

彼は仕事を頼まれたとき、仕事を始めるとき、どんな行動パターンがあるのか？　完了させるまで、どんな行動パターンをとっているか？　毎日、毎週、毎月、毎年、必ず行っているルーチン作業としてどのようなものがあるのか？

「身近なできる人」のこれら4点に着目した観察を繰り返し何度も行うだけで、「できる人の技」があなたに集まってくるようになるのです。

このように、モデリングは簡単です。

しかし、1つだけ難しい問題があります。それが前に紹介した心理的な障害。モデルが身近な人の場合、「素直な目を通して、いいことを学ぼうとする態度がとれない」ということ。

本の著作者などは会うこともないでしょうから、人間的にイヤな部分など気になりません。しかし、日々接している「身近なできる人」の人間的にイヤな部分は、ホントに目に付くのです。

「身近なできる人」が人間的に素晴らしければいいのですが、そうでなければ、私たちの「いいところを素直に見るための客観性」が失われていきます。素直に「いいところはいい」と発見できる冷静な目で「身近なできる人」を観察できなくなるのです。そうなると、どんなに「身近なできる人」がいても、ミラーニューロン機能は働いてきません。だから、素直に「いいところだけを見る」ことが大事になってくるのです。

「身近なできる人」は、あなたが嫌っている人かもしれません。しかし、「いいところだけを見る」習慣を付けて、とにかく観察できるところまで近付く。そして、徹底的に観察をして、その技術を盗んでしまいましょう。

ついでにいうと、このモデリングには、副次効果もあります。

あなたがモデリングをすることで、モデリングされている側（身近なできる人）があなたを好きになるということ。誰でも他人から認められること、尊敬された目で見られることは嬉しいものです。あなたが全てを学ぼうという尊敬の目で彼を観察していくことで、「身近なできる人」との関係もきっと改善されていくはずです。

モデリングは簡単にでき、効果もとても期待できる即効性のある学習法です。これで、成果を出していき、学習することの楽しさを学んでいきましょう。

あなたがまずやることは、まず「身近なできる人」を探し出し、モデリングする対象を決めることです。

「朱に交われば赤くなる」ということわざがあるように、「身近なできる人」がたくさん集まる環境に身を置きましょう。そして、４つのポイントを意識しつつ、できるだけ彼らの近くから観察をすること。それだけです。簡単ですが、効果は保証できます。

UP
MOTIVATION

「学ぶ」とは実践力を付けること

まずインプット力を強化しよう

私たちの喜びの1つは、「自分の成長」です。

- 今までより早く走れるようになった
- 人前で話すことができるようになった
- 新しい料理が作れるようになった

というように、自分の成長を実感できると、嬉しくなり、もっと学ぼうとやる気も向上してきます。

本来、学ぶということは、「『学ぶ前の自分』からの変身」です。自分を変身させるような学習をするには次の3ステップが大切になってきます。

❶情報のインプット力を高める

❷インプットしたことを実践力まで高めていく

❸学んだことが役に立ったと感じることで成長の喜びを実感する

まず、❶の情報のインプット力を高めるには、２つのことを高めることです。**１つ目が「情報収集」。２つ目が「収集した情報の中で大事なことを記憶する能力を高める」**ことです。

１つ目の情報収集においては、従来の「本」や「セミナー」などのアナログな形だけでなく、インターネットやスマホの普及で、より簡単に、より安く情報収集ができる環境が整いました。

さらに情報収集力を強化していきたい人は、ＩＴリテラシー、情報リテラシーの向上が鍵になります。ブログやソーシャルメディア、ポッドキャスト、ＴＥＤなどのネットセミナーなどを上手に利用することができるようになれば、さらに安上がりに、質の高い情報収集ができるでしょう。

２つ目の要素、情報を記憶する力を高めるにはどうすればいいか?

記憶にもコツがあります。コツを覚えると、記憶するのが楽しくなってきます。茂木健一郎さんの「脳を活かす勉強法」（ＰＨＰ研究所）を読んでいただくと、そのあたりを詳しく知ることができます。私が学んで実践していることを、簡単にご紹介します。

- 五感をフルに利用して覚えるようにします（目だけで読むのではなく、口に出して読み、そのことを耳にして、書いて覚える）。
- 覚えたいことは「何度も繰り返し思い出すという行為」で、記憶するようにします（短期記憶と長期記憶の関係を理解）。情報は最初に、短期記憶が保管される海馬（かいば）に保存されます。しかし、何度も思い出そうと反復して脳にアクセスした知識は、大事な知識と認識され、長期記憶の保存場所である側頭葉に送られて定着していくのです。
- 書いて覚えるときのコツは、覚えたいことを書いたら、一度覚えて、次はそれを見ずに書くことを繰り返していくことです。「次は見ずに書く」ということがポイント。見ずに書くという行為は「思い出すという行為」でもあるのです。そのような短期記憶へ繰り返しアクセスすることが、短期記憶から長期記憶へと情報を送り出しているということになるのです。

このような、ちょっとした工夫でインプット力は格段に向上していきます。

アウトプット力も強化しておこう

インプット力を強化すると、情報を大量に蓄積できるようになります。しかし、それだけでは、自分の成長を実感できません。記憶した知識を常時実践できる力まで高める必要があるのです。しかし、多くの人がここでつまずいているようです。

学習したことを知識で終わらせず、実践力まで高めるには2つのことが必要になります。

1つ目は、**学んだことを「アウトプットとして外部に発信する力」を高めること**。2つ目は**「身体に覚えさせて、発揮能力化」していくこと**です。

〈外部への発信力を高めるには〉

ただ覚えるだけの学習では、学ぶことが楽しくなっていきません。学んだことを外部に発信し、その後の周囲の反応が学んだ成果の実感となり、学ぶことを楽しくさせていくのです。

そのためのオススメが、ブログやTwitterの活用です。学んだことをブログやTwitterに書いて発信してみるのです。

たとえば、本を読んで学んだことがあれば、それをブログなどに整理して発信してみましょう。そうするには、本の内容を整理して、自分の言葉に書き直す必要が出てきます。この作業が、あなたのアウトプット力を強化することにつながります。

もう1つのオススメは、学んだ内容を翌日にでも、後輩や部下、お客様などにレクチャーすること。これもブログなどを書くのと同じ効果があります。

インプットした知識は、外部に発信しなければ、本当に自分のものにはなりません。私たち経営コンサルタントの学習能力が高いのは、「発信する場」が日常的に用意されているからです。明日、クライアントのところで説明をするための学習。この環境が最高の学習効果を生み出すのです。インプットも必死にやるし、クライアントの場でのアウトプットも必死にやる。だから高い学習効果を得ることができるのです。

〈身体に覚えさせるには〉

記憶した知識・技術が日々実践できるようになるには、「身体に覚えさせる」必要があります。自然な動きや考えとして、「学んだこと」が無意識に発揮できるようにならなければ、本物の「力」と周囲が認めてくれません。

これには、反復練習あるのみ。何度も反復して、学んだことを脳と体に覚えさせていくのです。結果、脳回路ができあがります。脳回路ができあがると、最初は資料を見ながらしかできなかったようなことも、無意識にできるようになっていきます。

車の運転をイメージしてください。自動車教習所で最初に乗ったときは、おっかなびっくりで、「運転前はバックミラーを見て…」などといろいろなことを意識しながら運転していたと思います。しかし、毎日の運転を1年もやっていると、そんなことはほとんど意識しなくても、思うように運転できるようになります。車を1年間運転するという反復練習の結果、車を運転するための脳回路ができあがったからです。

脳回路ができあがるまで反復練習を続けましょう。無意識にできるようになってこそ、本物の力なのです。そうなると、無理なく成果が出る。成果が出るから、学ぶことが楽しくなる。そんな善の循環につながっていくのです。

しかし、多くの人は、一度インプットしただけ、一度発信しただけで終わり。反復作業を怠ってしまいます。たとえば、本などがそうです。一度読んでしまうと、すぐにわかったつもりになってしまう。本で学んだことが実践できるようになるまで、反復練習をしないまま、次の本を読み始めるのです。「新しいことを知る」ことは楽しいものですが、反復練習は退屈なもの。だから多くの人はこれをやろうとしないのです。

才能とは「努力を継続できる力」があってこそだと思うのですが、これができる人は少ないのです。しっかりと反復練習を行うには、退屈な反復練習を楽しいものに変えていく必要があります。そこで、「反復練習を楽しいもの」に変えるために必要なものが、第6章で学んだ「ゲーム化力」です。

「学ぶことの反復練習なんて、ゲーム化できるの？」と思われる人もいるかもしれません。しかし、任天堂の「脳トレ」という大ヒットゲームを思い出してみてください。「脳トレ」こそ、まさに学ぶことの反復練習をゲーム化したものです。子供のころ、あれほどイヤだった算数のドリルを、いつの間にか夢中で、ゲームとして遊んでいる大人たち。

しかし、学ぶことをゲーム化できるのは、任天堂のようなゲームメーカーだけではありません。私たちも子供心を思い出して、学ぶことの中に楽しみを盛り込む工夫をしていきましょう。

学んだことが、成果につながる。成果につながるから楽しい。だからまた学びたくなる。そんな善のサイクルを回していきましょう。脳に、「勉強することは楽しい」という思考回路が一度できてしまえば、後は、無意識のうちに勉強をするようになるのですから。

第10章

上司との良い関係を構築する方法

UP
MOTIVATION

仕事を楽しむために上司との良い関係を築く

仕事が楽しくない原因として「上司との人間関係」を挙げる人は多いようです。会社の退職理由でも、本音として最も多いのは、「上司との人間関係がイヤになったから」というもの。

確かに、気持ちはわかります。

一生懸命に私たちが仕事を楽しくする努力を積み重ねても、上司との関係が悪くなると、一気に職場が重苦しいものに変わってしまいます。上司との良い関係を構築することは、「仕事を楽しくしていく」ための死活問題なのです。

上司との人間関係が悪いことの原因を、その上司のせいにすることは簡単です。しかし、「あの人がいなくなってくれさえすれば、仕事はもっと楽しくなるのに」と愚痴をこぼしても、仕事が楽しくなることはありません。かえって気持ちがブルーになるだけ。その上司が急にいなくなるような幸運が巡ってくることは希でしょう。

では、上司と良い人間関係を作るにはどうしたらいいでしょうか？

選択肢は４つ考えられます。

１つ目の選択肢は「自己革新してください」と上司にハッキリと直訴すること。

しかし、そう言ったとしても、おそらく自己変革してくれる可能性はゼロに近いでしょう。真正面から、問題を指摘されると、人はかたくなになるだけ。人を変えることは難しいものです。

２つ目の選択肢としては、その上司との関係を亀のようにジッと我慢すること。

あなたが勤めている会社の規模が大きければ、異動の時期までジッと我慢するという方法もあります。しかし、異動の時期がいつ来るかもわかりませんし、次にいい上司のもとに配属されるという保証もありません。「耐えてる時間が無駄だった」ということだけで終わる可能性もある。そう考えると、これも賢い選択肢とはいえないでしょう。

３つ目として、会社を退職することで上司を変えるという選択肢もあります。

しかし、現在の日本の社会では、今の会社でよほど素晴らしい成績を上げている人でもない限り、転職するたびに、入社できる会社のランクが落ちていくのが現実。運よく、いい会社に転職できても、そこにもっとヒドイ上司がいる可能性も否定できません。この選択肢は、最後の手段。できれば使いたくないものです。

4つ目の選択肢は、どんな上司とも良い人間関係を構築するワザを身に付けていくということ。私は、これが最善の選択肢だと思います。

上司と良い関係が築けない人の特色として、上司に過大な期待を持ちすぎているところがあります。上司は、あなたの両親ではないので、あなたへの愛情がそれほどないのが普通です。上司は、学校の先生ではないので、あなたを育てることへの情熱がたいしてないのが普通です。上司は、会社の命令であなたの上司になっただけ。好きであなたの上司になったわけではないのです。テレビドラマに出てくるような理想のリーダーがあなたの上司になることは希でしょう。

だからこそ、私たち部下の側が「上司とうまくやっていくためのワザ」を身に付けていく必要があるのです。

上司に、「理想のリーダーになってくれ」と期待しても、時間のムダです。上司への部下の影響力は限定されています。そんな時間があるのなら、私たちの方が、「上司とうまくやっていくためのワザ」を身に付けていきましょう。そちらの方が、生産的だと思いませんか？

上司は、私たちの人生や仕事が苦痛にあふれるものになっても、当然、責任はとってくれません。その責任は、私たちに押し付けられるだけ。だから私たちは、上司に過度に期待することはやめて、「上司とうまくやっていくためのワザ」を身に付け、私たち自身が自己革新を図っていく必要があるのです。

ただ、誤解をしていただきたくないことが1つあります。

あなたがリーダー、上司の立場だとしたら、これまでの話を「自分が理想のリーダーになる自己革新を拒む理由」にはしないでくださいね。

「俺は変わらなくてもいいんだ。部下であるお前たちが変わればいいんだ」とは、絶対に思わないでくださいね。本当はリーダーが、「部下の仕事を楽しくするリーダーになるよう、自己革新をしてくれる」ことがベストなのですから。

すべてのリーダーが、この楽しさ創造力の重要性に気付いてくれて、「上司との人間関係がイヤで退職する人がいない時代」が来ればいいのですが…。

UP MOTIVATION

自分から上司に好かれるように工夫する

好かれれば「気に入らないこと」が目立たなくなる

ここからは、上司との良い関係を構築するためのワザをご紹介していきます。あなたの仕事から、楽しさを奪われないようにするためにも、自分の身は自分で守っていくためにも、このワザを身に付けてください。

上司との良い関係を築くには、上司から好かれる必要があります。人間は感情の動物であり、好き嫌いという感情で、他人への行動を決めているからです。いくら実力主義の社会とはいえ、上司の物事の意思決定は、理屈よりも感情の好き嫌いで判断することの方が多いものです。

ハロー効果（Halo Effect ※光背効果、後光効果などとも呼ばれます）という言葉をご存じでしょうか？

人は「その人物に好印象を1つ持つと、マイナスな面まで好ましいように受け取る」という心理学理論です。いったん、上司から好きになってもらうことができれば、そこからハロー効果が生まれます。

たとえば、私たちはいったん相手を好きになると、「好きを証明する事実ばかり」が目に入り、いっそう好きになるといったことです。逆にいったん嫌いになると、「嫌いということを証明する事実ばかり」が目に入り、いっそう嫌いになるということ。あなたが一度上司から気に入ってもらえれば、上司の目にはあなたの欠点は目に入りにくくなり、長所ばかりが目に入るようになるのです。

「人を色眼鏡で見るな」と子供のころよく親から言われたものですが、残念ながら人は色眼鏡をすぐにかけてしまう生き物なのです。だから、あなたを「好き」「いい奴だ！」と感じてもらうことが、良い人間関係作りでは大切になってくるのです。上司に、いい色眼鏡をかけさせる仕掛けを行っていきましょう。

上司に「あなたが嫌いという色眼鏡」をかけさせてしまうと、あなたがどんなに正論を述べても、上司には屁理屈のようにしか聞こえません。

逆に上司に「あなたを好きという色眼鏡」をかけさせてしまえば、あなたの意見に多少無理があったとしても、上司には正論のように聞こえるのですから。

上司に好きになってもらうための5つのコツ

上司から好かれる部下になるには、次の簡単な5つのコツをマスターしてください。

❶上司に期待をする

期待すれば、相手がその期待に応えようとして努力するために、期待に近付き能力がアップする。これを心理学の用語でピグマリオン効果（Pygmalion Effect）と呼びます。逆に、期待しないことによって、能力が下がることをゴーレム効果（Golem Effect）と呼びます。

上司に対し「きっと、私にとっていいリーダーになってくれる」と期待していくことは、ピグマリオン効果を生み出します。

ものすごくイヤな上司だとしても、その人と良い関係を築いていきたいという意志があれば、その人への「失望、憎しみ、怒り、あきらめ」は捨てていくしかないのです。それを持っている限り、ゴーレム効果が働き、あなたにとって、さらにひどい上司になっていくでしょう。

イヤな上司であっても、無理にでも上司に期待をしていきましょう。逆説的ではあるのですが、これが上司といい関係を築くための条件となってくるのです。そのためには、第8章で紹介しました、「感情をコントロールする手法」を使っていく必要があるかもしれません。

ただし、感情をコントロールする手法を用いても、どうしても上司への期待が持てない方もいるでしょう。そんな方は、本当に転職を検討していった方がいいかもしれません。努力しても上司に期待さえ持てない状態では、いくら楽しく仕事をする工夫をしていっても、仕事が苦痛という状態で終わってしまいますからね。

❷感謝の心を頻繁に表現していく

イヤな上司といえども、何らかの形であなたの支援をしてくれているはずです（大したことないとあなたが感じることだとしても）。それに対して感謝し、あなたは感謝を伝える言葉を上司にかけているでしょうか？　上司との人間関係がうまくいっていない人は、上司に対しての感謝の言葉は自分が思っているより意外に少ないものです（もちろん、イヤな上司ですから、感謝を感じるような行動をあまりしてくれていないのかもしれませんが）。

「ありがとうございます」の一言は、私たちが思っている以上に強力です。何度も、「ありがとうございます」「いつも助かっています」という感謝の言葉を述べてくれる人を、私たちは好きになっていくのです。

人は、「ありがとうございます」と喜んでいる笑顔を見ると、「こいつのために、何かやってあげたいな」という気持ちになっていくものです。あなたの感謝の言葉で、上司としては「自分が役に立っているな」と感じることができるのです。あなたの感謝の言葉が、上司のプライドを刺激しているのです。

ちょっと何かをしてくれるたびに、「ありがとうございます」という感謝の言葉を、心を込めて笑顔で言うだけ。頻繁にこの感謝の言葉を上司にかけるということは簡単にできることですが、効果は絶大です。

イヤな上司との人間関係の改善。まずは、あなたから感謝の言葉を積極的に言うことからスタートしていきましょう。

❸上司への報告・連絡・相談の徹底(特に相談の機会を増やす)

上司との関係がうまくいっていないと、接することを避けがちとなり、上司への報告・

連絡・相談の機会が減ってきます。結果、上司からすれば「あいつは何をやっているのか？何を考えているかサッパリわからない」となってきます。報告・連絡・相談はビジネスの基本。「何をやっているか？　何を考えているか？」という情報の透明性が高まれば高まるほど、誤解も減ってくるのです。

報連相の中でも特に大切なことが相談。あなたは上司からのアドバイスを得る以外に、相談することで3つのメリットを得ることができます。

1つ目は、部下から頼られ相談されると、上司の「自分は重要な存在なのだ」というプライドをくすぐることができる。人は、相談をされる、頼られると嬉しいものです。相談することは、上司のプライドをくすぐる行為でもあるのです。

2つ目は、相談することで、上司にあなたの仕事に一役買わせることができます。人は、一役買った仕事に対しては、共同責任を感じるもの。結果、無意識のうちに上司はあなたの味方になってくれるのです。

3つ目は、相談をすることは、感謝を伝える場を作ることになる。相談に対してアドバイスをされれば、当然、それには「ありがとうございます。助かりました」と、あなたは感謝の気持ちを自然に言うことができるはず。

また、そのアドバイスにより成果が出れば、「お陰様で、アドバイス通りにやったら成果が上がりました。ありがとうございます」と、さらに感謝の気持ちを伝えることができるのです。相談することはそのような素晴らしいメリットがあるのですが、次の3点だけは注意が必要です。

❶同じ相談を何度もしない

上司からすれば、「あいつは何度言えばわかるのか！」という気持ちになってしまう。

❷アドバイスを受けたら、その実行結果に対して必ず報告をすること

上司からすると、アドバイスをしたことを実際にやったかどうかは気になる。

❸相談に行く際は、一度、自分で調べる努力を行ってから相談に行くこと

インターネットなどで少し調べればわかるようなことを上司に相談に行くと、「そんなことくらい、まず自分で調べてみろ」ということになってしまう。バカにするなという気分になってしまい、逆効果に。

この3点に留意しながら、意識的に相談する機会を増やしていきましょう。

UP MOTIVATION

上司の思考パターンを把握して対応する

イヤな上司がどのタイプかを見てみよう

ひとくちにイヤな上司といっても、いろいろなタイプの人がいます。
まずは、どのような思考パターンを持って部下に接しているのか、それを把握しましょう。上司のクセや思考パターンを整理してみると、次のようにまとめることができます。

タイプ1

部下の能力への妬み、部下の存在への恐怖感を持っている

上司は、自分に対して自信がないのかもしれません。優秀な部下に対して脅威を感じ、自分の存在を脅かされるのではないかという恐怖を感じてしまい、部下に対して理不尽な行動を起こしてしまうパターンの上司。嫉妬心とは怖いものです。

タイプ2

「部下は叱ること、厳しくしなければ育たない」と考えている

このような考え方の人は、悪気はないのです。「自分は上司から厳しくされて、育ってきた。だから部下を育てるには、厳しくしてあげることだ」という経験論からきている考え方です。残念ながら、正しいモチベーション理論をご存じないというパターンの上司。

タイプ3

「部下は上司の執事(奴隷)」と考えている

「部下は黙って、上司が言った通りのことをやればいいんだ!」という古い考え方。中小企業の社長さんには、まだそんな人が存在します。部下を使用人感覚でとらえているパターンの上司。

タイプ4

人はみんな「合理的思考をする」と思い込んでいる

人間は、感情の動物。このことをすっかり忘れて、すべて、論理で片付けてしまおうという人。ちょっとした一言、思いやりを感じさせることができないことで、部下のモチ

ベーションを破壊してしまいます。似たような人で、対人感受性（相手の気持ちを理解する能力）が壊れているパターンの上司。

タイプ5

コミュニケーションが苦手と考えている

自分はコミュニケーションするのが苦手と思っている人。部下への指示が、すべて「業務連絡」で終わってしまいます。仕事の目的や意義を話すことなく、最小限のことしか伝えないために、言葉足らずになってしまう。また、プライベートの付き合いも避けるために、非言語コミュニケーションでカバーすることもできないという状態を招いてしまうパターンの上司。

タイプ6

PDCA思考の欠如、「思い付き」の思考パターン

部下に仕事を指示するとき、思い付きで何でも言う人。朝言っていたことと、夕方言っていたことがいつも違っているようなパターンの上司。

部下としては、何が本当に追いかける目標なのか、何が実行すべき計画なのかが理解

できなくなります（朝令暮改型）。善意にとらえれば「柔軟な人」なのかもしれませんが、本来、管理者のポストには、ＰＤＣＡ程度はしっかりと習慣化された人を配置すべきなのですが…。

タイプ7

「管理すること＝縛ること」と考えている

部下を縛っていないと仕事をした気にならないという人。こういう人は生真面目すぎる人に多いですね。自分で「どう動くかということまでの細かい計画」を作り、部下にやらせて、チェック、チェック、チェック。これをあまり、やりすぎて、部下の自主性を殺してしまうパターンの上司。

タイプ8

チームの業績より、自分個人の業績ばかりに関心がいく

最近では、プレイングマネージャー（選手兼任監督）制度をとっている会社が多いためか、このような上司も増えています。チームや部下の業績よりも、自分個人の業績を大事にするパターンの上司。

タイプ9
長時間働くことが美徳と考えている

このような考え方の上司は、効率アップへの工夫が遅れるものです。また、早い時間で仕事を切り上げてあがることができない雰囲気にもなり、組織全体が、ダラダラとした仕事の仕方になっていきます。効率よりも、どれだけの時間働いたかを大切にするパターンの上司。

タイプ10
論理的思考力が欠如している

論理的思考力が不足しており、的はずれな意見ばかりを押し付けてくるパターンの上司。そのような上司に対しては、こちらが正攻法で論理的な話をしていっても聞いてはくれないでしょう。

タイプ11
仕事への使命感や、リーダーとしての使命感がない

その仕事、その職責に対して、やりがいを感じているわけでもなく、みんなの期待を

感じることがないパターンの上司。このような上司の下についた人が最も不幸かもしれませんね。部下が、上司の使命感の醸成をするわけにもいかないですからね。

タイプ12

現状に満足しており、改革思考が欠如している

自らの目標がなく、今のままの現状を維持しておけばいいと感じているパターンの上司。使命感はあるが目標はないという人。今のままで、その使命を全うできると思っている人です。現状認識が甘い人ですね。

タイプ13

人に感謝する習慣が欠如している

「ありがとう」が素直に言えない人ですね。コピーをしてもらう、コーヒーを持ってきてもらう、さまざまな小さなことにでも感謝の言葉を述べるのが普通です。周りの人からの協力があって、チームが成り立っているのですが、やってもらって当たり前という感覚で仕事をするパターンの上司。

タイプ14
依頼したこと、依頼されたことをすぐ忘れてしまう

自分が部下に依頼したことや、部下から依頼されたことを高い頻度で忘れてしまうパターンの上司。頼まれた部下としては、「忘れる程度の仕事なのか？」とモチベーションが下がります。頼んだことを忘れられると、「ふざけるな」という気持ちになりますよね。このような人は、タスクリストやスケジュールを詳細に書き込んでいく習慣がない人に多いものです。

こうして並べてみると、中には、すぐに転職を検討したくなるような問題のある上司も確かにたくさんいます。しかし、直接、上司に向かって、「あなたは、改革思考が欠如しているパターンですよ」などと批判したところで、問題は解決しません。むしろ、的を射ているだけに上司は感情的になり、殻に閉じこもってしまいます。ますます関係が悪化するだけです。

上司を知るため、上司の人生に興味を持とう

日本のことわざに「盗人にも三分の理」という言葉があるのをご存じでしょうか？

犯罪者に、罪を犯した理由を聞くと、どんな凶暴な罪を犯した人でさえ、「自分は悪くない。自分が罪を犯したのは、どうしてもそうせざるを得ない事情があったんだ」と罪を犯した言い訳をする、という意味です。

盗人ではない上司であれば、なおさらのこと。イヤな上司にも、その行動に関してそれなりの言い分があります。その言い分を無視しては、相手を思うように動かしていくことはできません。上司の行動がひどいとしても、どんな気持ちから彼がそのような行動に至ったのかを知った上で、対応していく必要があるのです。これを知らないままに、上司を批判しても、「俺の気持ちをまったくわかっていない」とか「あいつは勝手なことばかり言いやがる！」と思われるだけ。

上司の行動パターンを理解するためには、上司の歩んできた人生を知ることが大事になります。

- どんな家庭環境で育ってきたのか?
- 幼少時代はどんな友人との関係を持ってきたのか?
- 若手時代はどんな状態だったのか?
- 彼はどんな上司と仕事をしてきたのか?
- どんな成功をしてきたのか?

● どんな失敗をしてきたのか？
● どんな本を愛読しているのか？
● それらの体験を通して、どんな教訓を得てきたのか？　学習をしてきたのか？

上司の人生を知ることで、その言動や行動パターンのバックボーンが見えてくるのです。私たちは、上司の言動を「言葉通りそのまま」受け取ってしまいますが、常に、上司が本音で語っているわけではありません。会社からの命令や圧力、上司というポジションにおける役割から、自分の本心とは異なる発言をせざるを得ない場面も多いのです。付けたくない仮面を付けている上司も多いはずです。

あなたが上司の人生に関心を持つだけで、上司は、あなたのことが少し好きになるでしょう。自分に関心を持ってくれる人に、人は好意を抱くからです。

上司の人生を知るということを通して、上司の本音がきっと見えてくると思います。同情すべき点もあるかもしれません。そうした中で、冷静に自分のとるべき策を考えていくことが大事なのではないでしょうか？

上司のメンタリティを理解した上で、自分が言いたいことを伝えていくと、あなたの表現方法も、上司の反応も今までと違ってくると思います。

UP MOTIVATION

上司から管理される前に仕事の主導権を握る

行動を管理されるとやる気が低下してしまう

部下を管理することは、上司にとって正直、面倒な作業です。「計画はどうなっている？」「実施状況の進捗状況は？」「目標達成に向けて、どうするつもりなんだ？」ということは、いちいち言いたくないというのが、ほとんどの管理者の本音です。上司の立場から言えば、これらは面倒くさい仕事です。

上司から好かれる部下になるには、上司が管理してくる前に、こちら側が先手を打って仕事を進めていくことがポイント。つまり、上司から管理されるのではなく、上司のマネジメント権を奪うという発想が必要になるのです。

「やらされている」と感じると、仕事は面白くなくなるもの。だからこそ、受け身ではなく自分から仕事をやっていく。たとえば、上司から催促される前に、主体的にこちらから報告・連絡・相談をしていくのです。「自分は命令されていることをやればいいんだ！」と受け身になった瞬間、仕事が退屈なものになる。仕事がイヤなもの、苦痛なものになってきます。「上司の命令通りに動かないといけない」「上司から行動を管理されている」と思うと、仕事は「義務」になってしまう。サラリーマンは、会社から使われている身かもしれません。しかし、心まで「使用人」になる必要はないのです。

あなたは上司を選べません。偶然、いい上司に巡り合うかもしれませんし、ひどい上司に出会うかもしれません。そのような「運」にあなたのこれからの人生を任せるわけにはいかないのです。自分の身は自分で守ることが大事なのです。いい上司に出会おうが、悪い上司に出会おうが、あなたが上司をマネジメントできたらいいのです。

「どうして、給料の安い部下の私が、上司のマネジメントなんて面倒なことをやらないといけないの？」と思われる人もいるでしょう。

答えは簡単。「自分の身を守るため！」「仕事を楽しくするため！」です。

イヤな上司と仕事をしたために、あなたは仕事がつまらなくなったとする。すると結果も悪くなってくる。悪くなった結果を周りはどう評価するでしょうか？　イヤな上司の評価も下がるとは思いますが、それ以上にあなたの評価が下がる。イヤな上司と組んだ不幸に対して、誰も同情はしてくれません。もし、転職をしようとしても、希望企業の評価も同じです。結果だけしか見てくれないのです。不条理なのですが、一番泣くのはあなたになるのです。だから、上司からマネジメント権を奪っていくことで、自分を守っていく必要があるのです。

イヤな上司だからといって、それに反発してやる気をなくしたり、愚痴ったりしても、残念ながら何も生まれてきません。あなたの評価が下がるだけ。ムダな労力です。そんなムダなことをするくらいなら、**上司から指示・命令される前に、彼の気持ちを察しあなたからやる！** 上司からマネジメント権を取り上げることに注力したほうが生産的ではないでしょうか？

マネジメント権を自分に移行させるには

何もしないで上司からマネジメント権を奪い取ることはできません。

上司に「あいつは何も世話しなくても大丈夫だ」と思わせることです。

上司にとって、世話しなくても、安心して仕事を任せられる部下ほど、ありがたいものはありません。自分はラクができるので、喜んで上司は何も干渉しなくなるのです。

上司にそう思わせることができれば、あなたのマネジメント権は、あなた自身が持つことができるようになるのです。

そのためには、あなた自身の仕事の仕方を変えていく必要があるのです。そのための具体的な方法をご紹介します。ぜひ、あなたの仕事の習慣に加えてみてください。

❶上司を正しく理解しておく

上司をコントロールしていこうとすれば、まずは、上司のことを正しく理解することからスタートします。上司がどのような意思決定傾向にあり、上司がどのようなワークスタイルが好きなのかを理解しておけば、それに沿って仕事をするだけで、上司をコントロールしていくことは可能になるのです。

では、上司の何を理解しておく必要があるのでしょうか？

- 上司の性格はどんな性格か？（性格を見極め、その性格に合わせたコミュニケーション法は「人の心を動かすリーダーの超チューニング力（小社刊）」に詳しくまとめています）
- 上司に会社から課せられている課題は何か？　目標は何か？
- 上司が個人的に追い求めている目標は何か？
- 現実志向か？　ビジョンの追求型か？

- トップダウンのリーダーシップを好むか？　ボトムアップのリーダーシップを好むか？
- 上司の感じているプレッシャーは何か？（上司の上司から、または上司の同僚からのプレッシャー）
- 得意分野、弱点は何か？
- 上司が意思決定をする際に、何の情報を頼りにしているか？（社内人脈、社外、本、インターネットなど）
- 合理性を大事にするか？　それとも感性・感覚を大事に意思決定する人か？
- 情に流される人か？　それとも経済合理性を優先する人か？
- 部下からの報告は紙で求めるのが好きか？　口頭で求めるのが好きか？
- 衝突するのを好むのか？　避けるのか？
- 放任主義なのか？　細かいことまで口出しするのを好むか？
- 細かな進捗報告を好むか？　おおまかな進捗報告を好むか？
- 問題解決の際の思考パターンは？

これらのことを、日々の仕事の中、上司の昔の部下、上司の同僚などから情報収集しておくのです。これらを理解して、上司のニーズに沿った仕事を提供していくことで、上司のマネジメントを行うためのベースができるのです。

❷上司が何を期待しているかを、上司より先に考える

組織では、上司が皆さんに指示命令するのがルール。しかし毎回、命令された後に仕事をするというパターンだと、自分は上司の奴隷のような感覚に陥り、仕事はつまらなくなる。

そうならないためには、上司からの命令の前に、あなたから主体的に「○○をしようと思うのですが、どうですか?」と提案していくことです。そうすれば、あなたがコントロールをしていることになります。「させられる仕事」「拘束される仕事」から「自分から提案した仕事」に変わっていくのです。

ポイントは、「上司が何を目指しており、あなたに何を期待しているのか?」を常に考えること。上司より一歩だけ先回りして、提案を行うのです。何度もこれを繰り返すことで、上司としては、あなたが手のかからない部下になっていきます。上司としても、手抜きができる部下はありがたいものなのです。

コントロール権を奪うには、後手後手の仕事ではダメ。先手必勝です!

❸上司がスケジュールを伝える前に、作業スケジュールを提案する

上司から、「○月×日までに、○○をやってくれ」とスケジュールを指示されるのはイヤなものです。スケジュールがノルマのように感じてしまいますからね。

また、いちいち上司から進捗状況をチェックされるのもイヤなものです。そうならないためのポイントは、次の通りです。

- 「やってくれ」といわれた瞬間に、「○日までの完成ということでよろしいですか?」と期日をこちらから提案する。
- 「課長に中間チェックしてもらう日程ですが、○日でいいですか? そこまでに50%まで完成させるということでよろしいですか?」と、中間チェック予定も事前に提案しておく。

❹最終完成物を、約束した品質より5%上の品質で仕上げる

上司からコントロールされていると感じる場面のもう1つは、上司からの手直し指示。イチャモンのごとく手直しの指示をされると、グーンとやる気が失せてきます(必ず一言の小言を言うことが上司の仕事と思っている人も多いものです)。

手直し指示を受けないためには、次のようにします。

- 上司が最終完成物をイメージする前に、あなたから最終完成物のイメージを提案する。そ

うすれば、最終完成物のイメージの違いによる手直しは発生が少なくなる。

- 手直しを出しにくくさせる秘訣は、最終完成物の品質を、上司と約束した品質よりもちょっとだけ上の品質に仕上げること。「事前の打ち合わせではココまでという話だったのですが、後で○○が必要と気付いたので、それだけ追加しておきました」というようにする。ポイントは、5％以内で済ませること。ほんのちょっとで充分。

❺上司の問題を、常に自分の問題として考えておく

上司からコントロール権を奪うには、上司の考えを先回りできる存在になるしかありません。そうなれば、わざわざコントロールしてきません。絶対、エンパワーメント（権限移譲）してくれるのです。なぜなら、上司がラクになるのですから。

そのためには、常に「上司の目標、それに対する問題意識、自分への期待」を考えていきましょう。そうすることが、あなたの仕事を楽しく、快適なものにしていくのです。

■著者紹介

小林《こばやし》　英二《えいじ》　ベンチャーマネジメント代表。株式会社コラボ・ジャパン監査役。経済産業省推奨資格 ITコーディネータを取得。1987年西南学院大学卒業後、経営コンサルティング会社に入社。1994年中小企業に特化した経営コンサルティングを行うためにベンチャーマネジメントを設立し、現在に至る。研修・指導を行ってきた中小企業は300社を超える。著書に『ワクワク仕事チームを生み出す上司力』『仕事がつまらない君へ』『人の心を動かすリーダーの超チューニング力』（共にC&R研究所）がある。

ブログ　モチベーションは楽しさ創造から
http://d.hatena.ne.jp/favre21/
ホームページ
http://www.venturmanagement.com/

編集担当：西方洋一 ／ カバーデザイン：秋田勘助（オフィス・エドモント）

[改訂版] モチベーションが上がるワクワク仕事術

2015年2月2日　　初版発行

著　者　小林英二
発行者　池田武人
発行所　株式会社　シーアンドアール研究所
本　社　新潟県新潟市北区西名目所4083-6（〒950-3122）
東京支社　東京都千代田区飯田橋2-12-10日高ビル3F（〒102-0072）
電話　03-3288-8481　FAX　03-3239-7822
印刷所　株式会社　ルナテック

ISBN978-4-86354-164-1 C0034